無理をして生きてきた人

加藤諦三
Kato Taizo

PHP新書

無理をして生きてきた人

目次

第1章

ちょっとしたことで悩む理由

第2章　軽く扱われて生きてきた

第3章

記憶に凍結された恐怖とは

第4章

幸せになるには、まず不幸を受け入れる

第1章

ちょっとしたことで悩む理由

相手の言葉に不快になる理由

恩着せがましい親に育てられて、なにかあると人の言葉にすぐに不愉快になる。

今、目の前で私になにか言った人は、別に恩着せがましい気持ちで言ったことではない。

今の不愉快な気持ちは、昔の不愉快な体験を再体験しているだけである。そしてものすごく不愉快になる。

その時に、「なぜ自分は今、こんなに不愉快になったのだろう?」と考える。

相手を責めて、不愉快な気持ちに浸っているほうが心理的には楽である。


不愉快に苦しめられている自分に直面して、そこに恩着せがましい環境で成長した自分を知り、それを認めることが、苦しいけれども成長につながる。

その真の自分に直面することが、実際には変わるきっかけであり、苦しみである。

しかし、その苦しみが本当の意味で、不愉快な気持ちから抜け出すことである。過去の囚われからの解放である。

今の悩みはその人が過去の出来事にどう対処したかが影響している。悩みの核心は過去。過去にある人に対して怒りを感じた。しかしその人が怖いから、怒りを無意識に追放した。

その無意識に追放された怒りが今、目の前の出来事を通して表れてきた。それが今の悩みである。その人は今、目の前のことに悩んでいると思っている。

同じことを体験しても、苦しみは人によって違う。

今の悩みの核心は、過去の心理的未解決な問題が変装して現れてきているにすぎない。

だから悩みはそう簡単に解決しない。だからそう簡単に自分は変わらない。

好きな女性に振られた男性が「あんな女」という。

「なぜあの女性に振られたのだろう？」こう考えながら生きているのが、心理的に問題を解決しながら生きていることである。

心理的課題を解決するということは「現実に直面し、自分が変わる」ことである。

今の失恋や、失業や、さまざまな困難より、過去の「現実に直面しない」ことのほうが、心理的影響は大きい。

悩みの泥沼にはまり込んで、身動きできない人がいる。

悩みの核心は過去。心理的に未解決な問題を抱えたままで、それまで生きてきた。自分は変わらないで今まで生きてきた。自分は変わらないままでいることに気がつかないままで生きてきた。

過去のツケを払っていない。悩んでいる今の出来事で悩んでいるのではなく、心理的に未解決な問題に、今自分は振り回されている。心理的に未解決な問題が、その今の出来事を通して表れてきているのである。

なぜこんなに苦しいのか

「面白くない」「つまらない」と思っている時は、きっと今、自分の目的がない時である。あるいは目的が見えない時である。そんな時、つい不幸な道を選んでしまう。

つまり生きる意味、生きる目的を見い出せない時、人は悩みを抱えてしまう。

「あー幸せになりたい」

私達は幸せを、とかく観念では分かっているつもりである。

でも、何が幸せなのかと考えると、はたと立ち止まってしまう。なぜなら、そんなに深く考えていないからである。

私もつらいことや苦しいことに出会った時に、「あー幸せになりたい」「もっと安らかに過ごしたい」、「あーこの悩みがとれたら何にもいらない」と嘆きつつもなんとなく時が過ぎていく、そんな人生を送っていた。

自分は今、なぜこんなに苦しいのか？　それを考える。

その原因を間違えるから、悩みや苦しみは解決しない。自分を変えられない。

嬉しい時も、悲しい時も、それは自分自身の真の感情ではないことが多い。

色も匂いも音もなにもない、無味乾燥な世界にいることに気がつかない。

情報に開かれていれば、「あの人とは友達になれる」と思えたかもしれない。いろいろな人がいても誰が本当の友達だか分からない。

家の情報からの支配

ちょっとしたことですぐに悩んでしまう人は、「あれも、これも」「もっと、もっと」という心理的な苦しみに悩まされている。

それが自分の意志を放棄した結果であるという自覚はない。「自分が本当に欲しいものは何か？」ということを本気で考えないで、「とりあえず」生きてきた結果である。

根源的な問題を解決していない人は、どうしても「あれも、これも」「もっと、もっと」となる。「自分が本当に欲しいものは何か？」ということが分からないのだから、「もっと、もっと」となる。そして心理的な苦しみに悩まされる。

他人に振り回されることは、その時点その時点を考えれば、もっとも安易な選択なのである。その時には自分が心の借金を背負ったということに気がつかない。

成長欲求と退行欲求の選択で、退行欲求を選ぶことは、その時点その時点を考えれば心理的に楽である。

長い目で見ればつらい結果になるが、その時にはそのことに気がつかない。

母親は子供に「そんなに怠けているとお父さんのようになるわよ」と子供を脅す。子供はその先行情報で、大人になってからの情報を歪んで受け取る。子供の適性と能力の限界を受け入れて、育てられた人とは全く違う人間になる。

小さい頃の家の情報（雰囲気）の恐ろしさである。

親から「怠けていると大変なことになる」と思わされる。

母親は子供に「そんなに怠けているとお父さんのようになるわよ」と子供を脅す。

同じように、父親は子供に「あいつらのようになるぞ」と脅す。

ありのままの自分は将来、誰にも相手にされない。

こうして生きることとは、恐ろしいという情報を与えられる。脅しの恐ろしさである。

深刻な劣等感の親がいる。子供は人間嫌いになる。

その先行情報で、大人になってからの情報を歪んで受け取る。

恐怖におびえていた

私は小さい頃、いつも恐怖におびえていた。小さい頃、屋根の上にいた時に父親から「飛び降りろ」と言われた。下を見て、怖くてゾッとしたことを今でも覚えている。

その時に父親が大きな笑い声で「臆病者！ ワッハッハッハ」と空に向けて叫んだことを恐怖感と共に覚えている。その後に父親の大きな声がした。

「これからこいつのことを、みんな臆病者と言おうや！」と叫んだことを覚えている。

また、ある時は暗い階段を一人でビクビクと登っていったところで、突然「ワー！」とすごい声がした。僕はビクッとした。その瞬間「こいつ、臆病者で全然ダメな人間だな」という父親の大きな声がした。

１年３６５日朝から晩まで「こいつ、臆病者で全然ダメな人間だな」と破壊的メッセージを浴びせられ続けていた。

まさに私は「記憶に凍結された恐怖」とともに小さい頃を過ごした。

小さい頃、私は勘違いしていた。この小さい山よりも、あの大きな山を登ることのほうが、自信ができると思っていた。

だから、自信をつけることにはつらさが先にくる。自然な感情が堰《せ》き止められている。

幸せになれないことの責任転嫁、身代わりが必要である。

本当は、この小さな山を登った時の達成感が、自信の芽となる。登った時に味わった満足感が、自信の芽となる。時を待つことで幸せを見つけた喜びである。

幸せは悩みから見つける！

立ち止まってしまった苦しみ。決断できなくて身動きできないつらさ。

突き進みすぎて傷ついた苦しみ。背伸びしすぎて挫折した苦しみ。

でも、もし乗り越えれば、深く悩む人ほど生きる力が大きくなる。

傷ついた時に、他の感じ方はないものかと、立ち止まって過去を見る心の習慣を身につければ救われる。このことについてはハーヴァード大学のエレン・ランガー教授のマインドレスネスという概念を１９０ページで説明したい。

なぜだか、その人にイライラさせられる

訳が分からないけれども「あいつに腹がたつ」という時には、実は自分がしたいけれども出来なかったことをその人がしているのかもしれない。

訳が分からないけれども「腹がたつ」その本人が、小さい頃、自分が心ならずも心の底に

抑圧しなければならなかった願望の体現者なのである。

自分を変えるためには、「まさか」と思うことを疑ってみる。それが自己実現への道である。

なぜかある人達に激しい怒りを感じるとか、妙にイライラするとかいう時には、自分の中に同じような願望が抑圧されている可能性がある。

イライラするのは極めて不愉快な体験である。

でも、もしかすると自分で自分を不愉快にしているのかもしれない。

私は抑圧の結果でもっとも恐ろしいのはこのことであろうと思う。小さい頃ハシカとかおたふく風邪をすませれば軽く終わるのと似ている。大きくなってすると命取りになりかねない。

小さい頃、満たされれば大事にならないのに、満たされなかったがゆえにもっと切実な欲求になっている。大人になって、どうにもこうにも始末のつかない人間が出来上がるのはこのためである。

本人も自分の感情を持て余し、苦しんでいる。しかしまた周囲の近い人間にとっても手の施しようのないほど重苦しくやりきれない人間になる。

わがままが極端だと、いくらきいても応答しきれるものではない。本人の中で、すでに要求が矛盾している。周囲の人間がどう対応しようと彼は不満である。自分の中のある要求に対応すれば、それと矛盾するもう一つの要求が拒否される。

誘われても不満だし、誘われなくても不満になる。甘えられても不満だし、甘えられなくても不満である。しかも甘えの願望は小さい頃よりも強くなっている。甘えても、甘えても満たされない。

「温かい無関心」を求める人

価値観の違いが人間関係の障害になる。

一方が「すごいことをした」と満足している。褒めてもらいたい。そういう時に、他方がまったくそれを問題にしない。

そこで傷つく。怒る、面白くない、不愉快になる。

そこで、お互いの価値観の違いを話し合えれば問題は出ない。

しかし、そこで不愉快な気持ちを我慢すれば、お互いの溝は深まる。

欲求を妨害されれば、誰でも不愉快である。

だから、退行欲求を持っている大人は、常に不愉快である。

相手のちょっとした一言で気持ちが揺れ動く。ちょっとした一言で、激怒する。

そこまで周りからの刺激に、心が支配されてしまう。これが過剰依存性である。外側の環境に依存する。

増大する依存性とは、いよいよ外側の刺激のままに気持ちが揺れ動いてしまう心理状態である。

聞かれると不愉快。関心を持たれるとわずらわしい。

だからと言って、関心を持たれないと面白くない。そこで「温かい無関心」という矛盾した言葉になる。

そういう人達は、小さい頃に近い人との関係で恐怖感を味わっている。嫌な気持ちを味わっている。近い人と不愉快な体験をしている。大人になって、それを再体験している。

自分が傷ついたので、その言葉自体が自分を傷つけたのではない。その言葉自身に不愉快にする力があったのではない。

だから、同じ言葉を聞いても傷つかない人もいる。

記憶が反応しているだけ

突っ張っている人などはみんな、心理的に未解決な問題を抱えている。

不安な人は殆ど心理的に未解決な問題をたくさん抱えている。

未解決な問題が変装した姿が現れてきた。だから仕事の失敗の苦しみで、いつまでもくよくよしている。

そう捉えなければ死ぬまで無意味感に悩み苦しむ。その苦しみや悩みで成長しないということである。

今の悩みの深刻さは心理的に未解決な問題の深刻さと比例する。

記憶には感情的記憶と知的記憶がある。その感情的記憶がその出来事に反応した。

ノイローゼになるような人は、なにかあるとすぐに不愉快になったり、傷ついたり、イライラしたり、落ち込んだりする。そうした自分を変えようとは決意しない。

なにか失敗した。しかしその失敗を受け入れられない。それが心理的に未解決な問題を抱えたということである。

そして、その内面に抱えた心理的課題が、それ以後のその人の体験の解釈に影響を与える。

多くの人は、今に反応しているのではない。その人の過去の心理的に未解決な問題が今の出来事に反応したのである。つまり神経症的傾向の強い人は現在に生きていない。

冷遇されることがなぜそんなに気になるか？

今、冷遇されていることが、昔の会社での冷遇の記憶の引き金になっている。働いていたけど、冷遇されていた。気にならないはずのことが気になった時には、昔のなにかが再体験されている。

知らないうちにそうした感情を学習している。いかに過去の人間関係が重要か。

過去の人間関係を引き寄せたのは自分である。

本当の原因は、何を言われたかではない

アメリカの精神科医ハリー・スタック・サリヴァンは、パラタクシスという言葉を導入した。

パラタクシス的な対人関係とは、人々の現在の対人関係における「歪み」である。（註1）

つまり現在、付き合っている相手とのトラブルの本質は、実はその人との関係の問題ではなく、相手とは関係ない、本人の幼児期の未解決な問題であるという意味である。

一般的にパラタクシス的歪曲とはどういうことか。

表向きの課題のほかに、裏に真の課題がある。その真の課題が、今の表向きの話に強力に影響している。

このパラタクシス的歪曲が起きる時には、すでにお互いの関係がうまくいっていないことが多い。

子供が日曜日にお母さんと玩具を買いに行く約束をしていた。

ところが、その日に親戚の伯母さんが来て、玩具を買いに行けなくなってしまった。

子供は「仕方ないや」と思いながらも面白くない。

母親もそれが気になっていたので翌日、子供の好きなハンバーグを作ってあげた。

しかし子供は喜ばない。そこで、今度は母親が面白くない。

母親は子供に、「ハンバーグが好きなんでしょ」と言う。

「好きだよ」と子供は、ふてくされたように言う。

子供の「好きだよ」という言語的なメッセージよりも、ふてくされている表情の非言語的なメッセージに本当の気持ちがある。

それを感じて母親も、「何よ、その言い方」と不機嫌になる。

二人はハンバーグを巡って言い争っているが、本当の原因は前の日の約束事である。

これをパラタクシス的歪曲と言う。

その前からこの母子関係には問題がある。その関係はどこか行き違っている。

この場合、もし母子関係がうまくいっていればどうなるか。

母親は子供に「ハンバーグ、おいしくなぁい？」と聞くだろう。

あるいは、ふてくされているので「学校でなにかあったのかな、体調悪いかな」と思う。

また、それよりも先に、約束を守れなければ親戚の伯母さんが帰った時に「今日、ごめんね」と母親は言う。

こういう一言が不要なトラブルを避けて、人と人との心の触れ合いになる。

子供は、お母さんが気にしてくれているから、それで十分である。

相手の心を理解するのに大切なのは、非言語的なメッセージである。

お互いに相手の心を理解していれば問題は起きない。

このパラタクシス的歪曲は、一般の大人同士の場合にも多い。

争いの本当の原因は、例えばそれぞれの人が自己実現していないことである。

自己実現していないから、なんとなく毎日が面白くない。なんとなく生きていて不愉快である。

誤解する人は、トラブルの核心を言っていない。

どのようなトラブルであっても、それを解決するためには「この問題の核心はなにか？」ということをつかまなければならない。

点で考えるから、間違える。線で考え、次に面で考える。

パラタクシス的歪曲。それは思いやりと信頼が欠けた時に起きてくる。不幸を背負う人は、あっちもこっちもパラタクシス的歪曲をしている。ことが起きた時には、「この本質はなにか?」と考える。起きたことは本質ではない。それは現象である。現象と本質は違う。だからトラブルが起きた時に「この本質はなにか?」と考えることが大切なのである。

こう考えることはACE《エース》性格の関連づけでもあり、SOCの要因の一つであるcomprehensibility(わかりやすさ)でもある。

ACE性格とSOCについては、次のようなものだ。

ACE性格とは

ベンジャミン・I・シュウォルツ教授が1973年にハーヴァード大学で心身の関連を初めて講義した時には、こうした問題についての資料がなく苦労したという。

主要な大学でこの種の講義が行なわれるのは初めてでもあり、興奮するものがあった。そのため登録学生も多かった。学生の期待は高かった。

彼は火曜日に講義の準備をするのだが、水曜日の朝には胃は燃えるように痛かったという。その胃の痛みがまた心配を増幅させた。

彼はいろいろな精神安定剤を飲み始めたが、それは一時的な安定しかもたらさなかった。悪循環で薬の量は増えていった。

彼は、情報が効果的に伝達されれば人間の器管はうまく機能する、と信じた。

胃から今の仕事はきつすぎるという情報が届いている。この情報を無視するか、注意するかである。

シュウォルツ教授は「この感情に注意をし、それを意識に乗せ、それを表現する。そうすれば心と体のバランスは回復する」という。(註2)

シュウォルツ教授は、胃の痛みを含めてさまざまな症状や感情を、私達が注意を向けなければならないフィードバックとして受け取り始めた。(註3)

その通りである。そうすることでストレスはハンドルできるようになる。

しかし、現実には愛情飢餓感が強ければなかなかそれができない。つまり認めてもらいたいという気持ちが強ければなかなかできない。

不愉快な気持ちになった時に、それに注意をして、そこから自分とはどういう人間であるかを知る手がかりにするというのは、難しいことである。

不愉快になった時に不安な人は、まず相手を責める。自分が不愉快になった原因は、相手の態度であり、相手の言葉である。

「私は、君に不愉快にさせられた」と理解する。

その時に、相手に対する怒りを感じる。相手を非難する気持ちが湧いてくる。

「ああ、自分はこんなにも、人から褒められたがっているのだ、まだ心理的に幼稚なんだな」と、考えるのは難しい。

つまり、不愉快という感情に注意を向けられても、それを自分の情緒的未成熟と関連づけることは難しい。しかし、これができるかできないかが、その人の免疫力なのである。

免疫力がない性格になる

この体や感情のメッセージを遮断すると、心と体のバランスは崩れ、これが心と体に影響するという。(註4) つまり、免疫力のない性格になる。

シュウォルツ教授の研究によると、感情はフィードバックする情報の一つであり、この情報を正しく受け取ると、ストレスにうまく対処できる。

彼はそれを「ＡＣＥの癒しの力」という。ＡＣＥとは、Attend, Connect, Express（注意を向け、それを意識し、表現する）ということである。

それの逆が抑圧的対処である。

ストレスを感じてもそれを常に抑制していると、やがてストレスを感じなくなり、正しいサインが出なくなる。

ストレスに強いということの概念については、いろいろな概念が説明されている。

ニューヨーク市立大学の心理学者スーザン・コバサは心理的に、ストレスにどう対処するかを数値で評価し、これをHardiness（ハーディネス）と呼んでいる。

ストレスに満ちた状況を乗り切れる人と、そうでない人がいる。その個人の耐える力の違いがHardinessの違いである。

たくさんの子供を元気で育てる母親もいれば、一人の子供を育てるのでノイローゼになる母親もいる。Hardinessの高いパーソナリティがHardy personalityである。

Hardy personalityと同じように、ストレスのバッファーとなる概念としてＳＯＣ（Sense of coherence）という概念がある。これがこの本の主なテーマである。

SOCとは、心の絆感覚

SOCとは、つまり心の絆感覚とでもいったらよいようなものである。それはストレスを減じる効果を持っている。

そのSOCという概念について説明している本がある。[註5]

アーロン・アントノフスキー博士によると自我の強さ、文化的安定、社会的支持[註6]はストレスのバッファーになっている。

自我の強さなどはストレスを減じる効果を持っている。ストレスを吸収してくれる。

これらのものがある人には、ストレスに耐える力がある。そして、これらのものが肉体的な健康に寄与するという。

つまり、たとえば自我が強くなればなるほど、個人はより適切にストレスに対応できる。

人生は失敗や不満に満ちている。しかし強いSOCを持っている人は、自信を持ってストレスに耐えて生きている。SOCの弱い人は上手く困難に対処できない。[註7]

自分にこう言い聞かせる

なにか不愉快な気持ちになった時に、「これは、別に事実としては不愉快なことではない」と自分に言い聞かせる。

これが唯一の可能な気持ちではないと自分に言い聞かせる。

たまたま自分が、「この体験を自分が不愉快と感じただけである。違った感じ方も可能なのだから、違った感じ方をしよう」と思えばいい。

そして、事実その時に不愉快な体験があったからこそ、傲慢にならなくて、未来の事件を回避できたということもある。

その不愉快な体験があったからこそ、ひどい目に遭うことを未然に防げたということはいくらでもある。

不安の主な原因は孤独であろう。それは孤独な人は心に葛藤を持ちやすいからである。

あることに不安になるかならないかは、その人が孤独であるかどうかによってかなり決まるところがある。

大人になってからの敵意と依存の関係もある。「それにもかかわらず、神経症的問題の根源は、その両親との関係にある。これは、フロイドの成した不朽の貢献の一面である（註8）」

無意識では、その人のことが嫌いだった

若い頃、無意識では嫌いな友達を、意識の上では、「好き」と思っていることがある。「素晴らしい青春」と意識の上では思っている。しかし、本当は心の触れ合いなしの「寂しい青春」であることがある。

従って、神経症的傾向の強い人では、無意識の自己蔑視と、意識の自己栄光化は矛盾しない。


心理的課題を解決するということは「現実に直面する」ことである。

その時期、その時期の心理的課題を解決して生きてきた人と、心理的に未解決な問題を抱えたままで生きてきた人では、高齢になってから同じ体験をしても、まったく違った解釈と

感じ方になる。

アメリカの精神科医アーロン・ベックは「うつ病者とうつ病でない人」では体験は同じようなものだけれども、体験の解釈が違うという。その通りである。

うつ病になった人は、過去のツケを払っていない。

「悩んでいる」は、悩んでいる今の出来事で悩んでいるのではない。

仕事で失敗する人は山ほどいる。仕事の失敗で自殺したように見えても、多くの場合はそうではない。仕事の失敗で自殺する人は極めて少ない。

過去の心理的に未解決な問題が、今の失敗で自殺という形で表現されてきたのである。

そこを捉えなければ、死ぬまで無意味に悩み苦しみ続ける。

悩みや苦しみの原因を正しく理解することで、人は成長する。

今の悩みの深刻さは、心理的に未解決な問題の深刻さと比例する。

ストレスで体が変調をきたす人がいる。同じことを体験しても、なにもない人がいる。

変調をきたした人は、無意識に蓄積された怒りが、その今の出来事に反応したのである。

なにかあるとすぐに不愉快になったり、傷ついたり、イライラしたり、落ち込んだりする人がいる。

これが神経症の特徴の強迫性である。

その内面に抱えた心理的課題が、それ以後のその人の体験に影響を与える。

企業でいえば、累積赤字の移し替えである。

「隠れ肥満」という言葉もある。内臓脂肪が溜まっている。心理的にも同じことが起きている。

心理的に未解決な問題が溜まっている。

こうして心に問題を抱えていても、心理的課題は外から見ると分からない。

心理的に問題を抱えていても、社会的にはうまく適応しているように見える人は多い。周囲の人には社会的には問題の人には見えない。そういう人は内面が悪いが、外面は良い。

自分は今までの人生で、どういう人と付き合ってきたか?

ここが、「自分には理解できる、もっとも重要な注意点」である。心理的に未解決な人は心の足跡がない。

嫉妬心が強い、受け身的攻撃性で、人とは親しくなれない人達である。無意識に蓄積された敵意が解決出来ていないからである。

恥ずかしがり屋の人は、なかなか自分を変えられない。それは自分の無意識の敵意に気が付いていないからである。

心理的に未解決な問題を抱えている人達である。

慣れた世界のほうが安心

自分は今まで人の意志に従って生きてきた。すると、自分の意志で生きることを恐れるようになる。人の意志に従うことには慣れている。

しかし、自分の意志を自分の周囲に反映させることには恐れを抱く。人の意志に従っているほうが安心なのである。

自分の意志でなにかを決めなければならなくなると、不安で夜も寝られなくなる。

人に従うことばかりで生きてくると、人を指導するのが恐くなる。

人の意志に従う自分は既知の自分である。しかし人を指導する自分は未知の自分である。

意志を持った自分というのは、未知の自分なのである。その未知の自分として行動するのは怖いのである。

私はデヴィッド・シーベリーというアメリカの心理学者に大変興味を持ち、彼の本をいろいろと訳している。その彼の言葉をいくつか引用すると、次のようなものがある。(註9)

松の木はその枝を伸ばそうとします。樫の木と張り合おうとしているわけではない。

自分の歌を歌う詩人になりなさい。自分の色を持った画家になりなさい。

「自分自身であることの権利を信じつつ、敢えて目標を定め意図を明確にするならば、人生を心配ごとで曇らせるようなことはないでしょう。

人生には貴方本来の資質に反するような義務はないのです。貴方があると思い込んでいるだけなのです」

たとえそれが真の自分でなくても、人は慣れてしまった世界で、慣れた自分として生きようとする。そのほうが不安がないからである。

しかし、そのような生き方は神経症的な生き方であることを免れない。

それほど興奮と感動がなくても、不安を避けたいというのが人間であろう。新しい自分への挑戦には不安が伴う。なんの自己主張もしないで生きてきた人にとって、自己主張するよりも、人のいう通りになって生きていたほうが安心である。安心というよりも、そのほうが不安を避けることができる。

慣習に従って生きてきた人にとって、自分の考えで生きることは不安である。決められたことを決められた手続きでやってきた人にとって、自分の責任でそのことを処理することは不安である。規則にないことを自分の責任において行なうというのは不安である。

規則に従ってことが運ぶのではなく、自分の意志でことが動いていくというのは不安である。

人に言われた通りにやり、自分の責任を感じることなく生きてきた人は、人の上に立って、自分の意志で、自分の責任で新しいことを始めると、不安で夜も眠れなくなる。昇進してうつ病になったり、昇進して自殺したりする人は、あまりにも長く人の意志に従って生きてきすぎたのであろう。

それなら、慣れた自分で生きていけばいいではないかという考えもあろう。

しかし、そのような生き方には喜びがない。そしてやはりいつか行き詰まる。

その行き詰まりを解消しようとするのが、他人への干渉なのである。他人を操作したり干渉したり、非難したりという形で自分の行き詰まりを解消しようとする。

神経症者は自分の成長のために自分のエネルギーを使わないで、他人を操作するために使うという。『BORN TO WIN』(註10)という本の中に次のような文がある。

I call neurotic any man who uses his potentials to manipulate the others instead of growing up himself.

「自分の能力を、自分を成長させるために用いないで、他人を巧みに操るために用いる人間を神経症者と呼ぶ」という、神経症の定義はやはり見事である。

敗者は他人との親密な関係を持つ代わりに相手を操作して、相手を自分の期待に沿わせようとすると交流分析の方では解説している。

また、相手の期待に沿うようにと自分のエネルギーを使う。

自分の能力を、自分を成長させるために用いないで他人を巧みに操るために用いるばかりでなく、人の足を引っ張るために用いている人も多い。

今までの道が間違っていた

「世間の心配事の多くは、それにビクビクと対処しているうちに、重大な問題にまでふくれあがってしまうのです。激しすぎる行動のほうが、何もしないも同然の状態よりずっとましです。困難に立ちむかうことにおいては、急進的な大胆さよりも保守主義のほうが危険なのです」(註11)

「どうしよう、どうしよう」と迷ってなにもしないうちに、些細な悩みがすごいことになる。

リストラされるかもしれない、家族はどう思うか、おびえる、生きていけないとなる。命にかかわると思う。もう駄目だと絶望感に打ちのめされる。

根本的解決は、「自分には何が必要なのか？」を考えることである。

「どうしよう？」ということが起きた時には、その道が正しくないのかもしれない。

今、歩いている道が正しくないから、事が起きた。今までの道が間違っていた。

今日からやり直す。生きていればいい。

まず覚悟をする。

深刻な事態は長年にわたる生き方の結果だから、そう簡単に解決はできない。

そこで日々のするべきことをする。

相手があって、事が起きているのだからそう簡単に解決はできない。相手は分からない。あることを言わなければならない。しかし言えない。例えば恋人に隠しことがある。それを言わなければと思いながらも言えない。「今回のデートで言わなければ」と思いつつそのたびに言えない。今度こそ、と思いながらそのデートの時も言えない。そしてそれがバレる。するとバレた時には大きなもめごとになる。

例えば学歴について嘘をついてしまった。実は中退なのに卒業と言ってしまった。某有名大学卒業と言ってしまった。しかし実は、夏期講習を受けただけだった。どのようなことでもよいが、つい嘘をついてしまった。

言わなければ言わなければと思いつつ、言えない。

そして、それは当然のことながらバレてしまった。そしてその恋は一時的に壊れた。

もしそれを言っていれば恋人とはもっと親しくなれこそすれ、壊れることはなかったと思う。

その恋人が許せなかったのは、初めに会った時に学歴を偽ってしまったことではない。親しくなってもそれを言わなかったことなのである。

まさに「それにビクビクと対処しているうちに重大な問題」になってしまったのである。言いにくいことは誰にでもある。言わなければならないと思いつつ言えないことは誰にでもある。

しかし、思い切ってこちらから言わなければ、それはある時に取り返しのつかない問題になってしまう。

そしてそれが大問題になった時、「あの時に言っていれば」と悔やむ。あの時には、「言いにくい」と思ったが、大問題になった今から考えれば、それは「言いにくい」どころの問題ではない。

今となってみれば、それを言うことはなにもないことに感じられる。

そのなにもないことに感じられることが、その時には言いにくいと感じて言えなかったのである。その時に問題であったことは、今となっては問題ではない。

だから、なにか問題と感じていること、言いにくいとかいう問題は今、気にしているだけのことで後から考えれば、それは気にするほどのことでもなにもないことなのである。

なにか嫌なことがあって、その解決を先延ばしにしようとした時には、「この問題は後から考えると、些細なことなのだ。今、嫌なことと感じているが、後から考えると些細なことでしかない」と自分に言い聞かせることである。

「今、自分はこれを嫌なことと感じているが、これはもともとはそんな嫌なことではない」と自分に言い聞かせる。「これを今、解決することは、後でどれほどの不愉快な気持ちに苦しまなくて済むことになるか分からない」と気がつくことである。

「なぜ俺の人生は、次々にトラブルが起きるのだ」

言って気まずくなるなら、今は言いたくない。それは誰しも同じである。そして言わない。すると、確かにその時にはなにもトラブルは起きない。

しかし、そのトラブルが起きないということが、実は望ましいことではない。

その時には、なんのトラブルも起きない。そこでホッとしている。「よかった」と思う。

しかし実は良くない。

今、良かったことが1年後には大きなトラブルに成長している。

言いづらくても、気まずくても、言わなければと思うことは思い切っていうことである。

「今、言うか、それとも1年後に処置できないほどの大問題にするか、お前はどちらにするか？」と自分に聞いてみるのである。

今、言えば、それは今日だけの気まずさで終わる。今回のデートが気まずいだけで、お互いの関係は一時的にせよ壊れない。

しかし今、言わなければ、今はお互いに楽しい。しかしその楽しい関係は、1年後には一時的に終わりになる。その時には立ち上がれないほどの打撃を受ける。

その時に「なぜ俺の人生は、次々にトラブルが起きるのだ」と嘆く。しかし、その人の人生にだけトラブルが起きているわけではない。

トラブルの芽をほっておいたのは、その人ではないか。草は取らなければどんどん生えてくる。

草を取らないでおいて、「なぜ私の庭にばかり草が生えるのだ」と嘆いても、しょうがない。隣の家の人は庭の草を取っている。

トラブルが少ない人

トラブルが少ない人がいる。そういう人は、特別にトラブルがない訳ではない。トラブルはある。ただ、トラブルの少ない人は、トラブルが大事になる前に大胆に対処しているのである。

だからトラブルが少ないように見える。

トラブルが多い人と少ない人の人生では、それほど大きな違いがあるわけではない。トラブルが多い人は小さな段階で対処をしていない。

トラブルを処理する時に意志と同時に計画も大切である。トラブルの少ない人は計画を立てている。

例えば恋人に学歴を言えない人である。もし「今度は言おう」と思って、実際に言える人は、まず計画を立てる。

次のデートの時には、服はこうした服を着ていこう、眼鏡をかけていこう、約束の時間よりは先に行って待っていよう、そして「こう切り出そう」と始めの言葉を考えている。

例えば「長いこと心に引っかかっていたことがあるのだけれども」と話し出すとかいうことである。

そうした計画を立てないで、いきなり会えば相手のペースでことは進んでいく。そして言えないままに時間は過ぎていく。やがて「言おう」という気持ちも消えている。

決断には準備が伴わなければならない。


さらに覚悟である。そのことを言うデートは楽しくはないと覚悟をする。その時も楽しくしようとすれば言いそびれる。

自分が嘘をついていたツケを払う時である。ツケを払うのだから大変なのが当たり前なのである。

つまり、トラブルを小さな段階で処理をするにしても、決断と具体的計画と覚悟の三つが必要である。

そうした意味で「言う」ということは成長するということなのである。

こうしたことを「言う」ことは、コミュニケーションできる人間になるということでもある。

「自分が変わる」ということ、はエネルギーのいることである。そのエネルギーがコミュニケーションできない人にはない。

つまり、普通は悪循環に陥っていく。

神経症的人間環境の中で育った人にとって、心理的に成長するということはこの悪循環を断ち切るということである。生やさしいことではない。

しかし分かっていても、おびえて適切に対処できなくて、現実に大きなトラブルになってしまった時にはどうすればいいいか？　それについては後で考える。

ノイローゼになる教授

「こうでなければならない」などということは、この人生にほとんどない。

職業についても同じである。いろいろな教授をみて学者になる人はノイローゼにならないことが多い。ノイローゼになる人は大抵「教授とは」という古いカテゴリーに縛られて、自分がそれになれないと思い込んでいる人である。

教授というものはこういうふうに振る舞うものだと思い込んで学者になってくる。

そして、そう振る舞おうとしてストレスになり、そう振る舞えない自分に絶望する。

教授といってもいろいろあっていいだろう。勉強ばかりがしたいという学生の集まった大学もあれば、あまり勉強をしたくないと思いつつも仕方なく大学にきた学生が多い大学もある。

学生数の多い大学もあれば、少ない大学もある。優秀な学生の集まる大学もあればそうでない大学もある。

またそれぞれの時代に大学の担う責任も違う。エリートを教育するのが使命の時代もあったろうし、中間層を教育するのが使命の時代もある。時代が大きく変わる時もあれば安定している時代もある。

それぞれの状況の中で自分の性格に適した教授であればいい。「同じような教授がたくさんいる」ことが学生にとって望ましいわけでもない。

エレベーターを30秒待つと、貴重な時間を失ったと思う、うつ病者の例が出ている。（註12）

30秒を失うのは、過去になにか重大なものを奪われた時に感じたことと、同じことを感じる。

エレベーターを30秒待つことが、うつ病者にとっては単に「30秒待つこと」ではない。それによってその人のなにかが刺激されたのである。

楽しい経験も、楽しくない

アメリカの臨床心理学者アルバート・エリスは、イラショナル・ビリーフ（非合理的認知）ということを言っている。理屈に合わない考え方である。例えば、自分は万能でなければならないと考えることなどである。

私はもっと頭が良くなければならないという考えがあって生きていれば、生きていて楽しくはない。こう考えていれば、落ち込むことも多いだろう。そんなに頭のいい人などいないのだから。

このイラショナル・ビリーフにならって、私はイラショナル・エモーションということを言いたい。

例えば、信じるに値する人を信じられない。誠実な人を疑っている。

小さい頃からあまりにもひどい人に囲まれて成長すれば、信じられる人に出会っても信じられない。

およそ信じられない人ばかりに接して生きてくれば、信じるという能力はない。

そこにいて楽しいのが当たり前なのだけれども楽しくはない。

それは、感情的記憶によるものである。

普通の人はなかなか、うつ病になるような人を理解できない。それは「なぜあれだけ恵まれているのに、幸せになれないのだ」と思うからである。もし自分があの環境にあれば、間違いなく幸せだと思う。

「およそ人がわずらう病のうちで、これほど共感を要求し、これほど共感をうることのない病があろうか(註13)」

「なぜこうなるか？」といえば、それはうつ病者の感情が理解できないからである。うつ病者の感情がイラショナル・エモーションなのである。

うつ病者は、そう感じることは不合理だけれどもそう感じてしまう。普通、恋愛をしていれば高揚すると思うが高揚しない。

なによりも普通の人から見て「楽しい」ことを経験しても楽しくはない。私はこれらのことをイラショナル・エモーションと呼んでいるのである。

私達の人生を破壊するのは、このイラショナル・ビリーフとイラショナル・エモーションである。

この二つを取り除くことに、エネルギーを使わなければならない。

イラショナル・ビリーフについては、それに気がつくことである。私達は案外、自分がイラショナル・ビリーフを持っているということに気がつかない。

例えば恋人に貶《けな》されたとする。責められたとする。非難されたとする。

すると、ひどく落ち込む。しかし考えてみれば、「いつも恋人から賞賛されていなければならない」などと思うのは、まさにイラショナル・ビリーフである。

落ち込んだ時に、自分の考え方がどこかおかしいと気がつくことはあまりない。ただただ恋人から貶されたことに痛手を受けて、落ち込んでしまう。

アルバート・エリスは「もしあなたが、落ち込んだ時には、ねばならないという考え方(must)を探しなさい」[註14]という。

「イラショナル・ビリーフを探し出すことで、不快な感情の解決ができるものだろうか?」

と疑問に思う人がいても不思議ではない。

しかしこれを繰り返していると、少なくともそれをしないよりも気が楽になっていることに気がつくに違いない。アルバート・エリスも訓練ということを言っている。

何十年の間に身についた心の習慣を、一日二日で直せるものではない。粘り強く練習することである。

これらの人は、「いつも24時間」で生きている。

その場その場がすべて、という人である。

何十年という時間をかけて身につけたものがない。いつもその場その場で生きているからなにも身につかない。

常に今の苦労に対処している。そして、その対処ができないと落ち込む。

長い落ち込みは、執着があるからである。原点は、自分が嫌い。落ち込むのは自分が嫌になったということである。

こうしたいのにできない自分が嫌い。したいけどできない自分が嫌。

根底に、自分はこういう人間でなければならない、という考えがある。

不安な人は何が悩みなのか？

「また駄目だった」ということの繰り返しの中で、言いたいことを言えるようになる。

一度言えたからといって、次の機会にまた言えるわけではない。一度言えても次にはまた言えないことがある。それも当然と思わなければならない。

従順を強いられて生きてきた人が、その心の習慣を変えるのはまさに王国を築くよりもエネルギーのいることなのである。

すぐにそれができるようになる、という考え方こそ、まさにイラショナル・ビリーフである。

不快な気持ちに悩まされる時に、今の自分の心のどこにイラショナル・ビリーフがあるのだろうかと探す。そしてそれを是正しようとする。

それをして損をすることはない。それをしたためにもっと不愉快になるということはない。初めはその程度を期待する。

練習を積めば、それなりの効果が出るだろう。そしてその効果は、次第に大きくなっていく。

なぜ落ち込むのか？

先の例に戻ろう。「言いにくいこと」を言わないで、恋愛が一時的に壊れてしまった場合にはどうするか？

先に「分かっていても、おびえて適切に対処できなくて、現実に大きなトラブルになってしまった時にはどうすればいいか、それについては後で考える」と書いた。

おびえることなく対処することが望ましい。それはすでに書いた通りである。

しかし、現実に適切にできなかったために事が大きくなってしまった。その時には落ちこむかもしれない。

その時には「あの時に言えば良かった」と思う。言うに越したことはなかった。でも言えなかった。

しかし人間いつも、トラブルに適切に対処できる訳ではない。

もし長いことひどく落ち込んでいるとすれば、それは「人間いつも、トラブルに適切に対処しなければならない」というイラショナル・ビリーフを持っている証拠である。

同じ人でも、元気な時には案外、言いたいことを言える。トラブルに適切に対処できる。

なぜ落ち込むのか？　落ち込むのは、「もっと、もっと」と欲張るからである。

諦めていない。だから悪いことではない。「もっと、もっと」と、求めるエネルギーがある。

どうでもよいことになっていない。

しかしエネルギーのない時には、言ったほうがよいことでもなかなか言えない。誰だって元気な時と落ち込んでいる時がある。

だからなにか言いたいことが言えなくて、心の中に小さな不満が堆積し、落ち込んでいく時に、次のことに気がつくようにする。

「たとえ言いにくいことでも、常にきちんと言わなければならない」というイラショナル・ビリーフを私は持っている。

落ち込むのはエネルギーがないから。

土台は希望。希望を捨てていない。理想的な人間と理想的な生き方とは違う。

理想的な生き方をしようと思った時には修羅場を作る。修羅場を作れないのはエネルギーがないから。

もともとエネルギーがない時にイラショナル・ビリーフを持ってしまう。

まず、気づくこと

長いこと落ち込んでいる人は、楽しいことがなかった。落ち込む人は落ち込む環境にいる。楽しい体験がない。

ある人がアメリカのロスで、お金を全部なくした。困って街を歩いていた。すると、街にコーヒールンバがかかっていた。その人は、「ルンバ！」と体を動かしてみた。そして「まー、いいや」と思った。

その人はお金を落として、「命が救われた」と思った。落としたお金に執着がない。

ため息をついている人は、伝導能力がない。

長く落ち込んでいる人は、自分を大事にしていない。

イラショナル・ビリーフは執着である。

この世にあり得ないことをやろうとしている。

病気なのに、「こうでなければいけない」と思っている。

自分は、それだけの器がないのに、器で対処していこうとしている。

逃げたのは、自分が嫌いだから。立ち直れる人は、自分が好き。

いつまでも立ち直れない人は、現実を受け入れていない。

思うようにいかない自分。それで自分を嫌いになった。自分でイライラしている。

問題は落としたお金ではない。「自分が嫌い」が原因。それが土台にある。


できないのに、できることに執着する。

それをする能力がないのに、それをすることに執着する。こういう人にトラブルがくる。

相手が見えない。けんかを売るタイミングを見ていない。チャンスを待っていない。

自分も相手も分からない。こういう人にトラブルがくる。

トラブルは起きる。空気のように。10年生きてきた道具を信じる。

落ち込んでいる人は、実は世の中を責めている。相手を責めている。悔しい。恨みを持っている。恨みを晴らせない。それに気がついていない。いつまでもイラショナル・ビリーフに執着している。

それを言わなければ「ずーっと」執着する。

お金を落とす。不注意であってはならない。しかし、土台は恨み。その恨みの上に、お金を落とした。その恨みのない人が、お金を落としたのとは違う。

ついていない時に、恨みのある人なら、落ち込む。「今日はついていないなー」。しかし本当は恨みが土台。粗末に扱われたということが恨み。すべての悩みは愛情飢餓感に通ず。

そのことに、まず気がつくことである。

そして「いつも適切に対処できないからといって、自分を駄目な人間と思う必要はない」と自分に言い聞かせる。

そしてもう一度「小さなトラブルでも、ほっておくとどんどん大きなトラブルになるということをここで学んだ」と思えばいい。

そうすれば「これだけ嫌な思いをしたのだから、もう今度は同じ過ちを繰り返すまい」と思うに違いない。

そして次に、なにか言いにくいことがあった時には、この不愉快な嫌な気持ちを思いだすから適切に対処できるようになる。

次の成功へのステップになれば今の嫌な気持ちは決して無駄ではない。

人間関係のトラブルに際して「もうこれは乗り越えられない」と思う時がある。この不愉快な気持ちは乗り越えられない、この心の傷は癒せない、そう思う時がある。

この難局は、乗り越え不可能と思う時が人生には何度かある。しかし乗り越えられる。

今日、生きたことを信じなさい

なぜそこまで深く考えるか？

絶叫調で悩む。時期を待てばいい。乗り越えられなくてもいい。

時期を探す。諦めない、探さない、ただ嘆く。「あーなくなってしまったー」

解決はできない。探すエネルギーがない。

エネルギッシュな人は「なぜ探さないの？　それじゃー、解決できないじゃない」と思う。動かなければ解決はできない。それは生きる能力がないから。

子供が迷子になって、母親を追いかけないで立ち止まって泣いている。これと同じである。

なにか生きられないことが前にあった。その時に絶望感を学習してしまった。学習性絶望感である。

楽しいことがなければ駄目。好きなことがなければ駄目。その人は話し相手がいない。

花に水をやって、私は幸せになる。鳥の声を聞いて、私は幸せになる。

食事する時に「私は幸せになるぞ」。歩いている時に「私は幸せになるぞ」。

一人で空を見上げて、「私は幸せになるぞ」と言ってみる。

今日、１日生きられれば10年は生きられる。

この苦しみの中で生きられたのだから、今日、生きたことを信じなさい。

今、あなたが食事したことを信じなさい。今、やっていることを証明してあげる。

今、コーヒーを飲んでいるあなたの生命力を信じなさい。今、乗り越えているエネルギーを信じなさい。

今、歩いているではないか。よたよたしていても歩いているではないか。


腹を立てている。憎しみがあるから。

この自分が嫌いという原因がある。人を憎んでいる。それを意識できていない。大切な友達だから、親だから。

「明日を信じる」ではない。「明日を信じる」に自分を変えよう。


あなたは何のために生きているのですか?

明日を信じて生きていれば、乗り越え不可能と思った心の傷をいつか乗り越えている。

心に深い傷を受けた時、この傷は墓場まで持って行かなければならないだろうと思う。そう思うと生きていく気力がなくなる。

しかし、先に書いたように「私は幸せになる」と何度でも言い続ける。棺桶に入っても言い続ける覚悟で言い続ける。

そして「自分のイラショナル・ビリーフは何なのか?」と考える。自分の考え方のどこが非現実的なほど高い期待なのかを探す。

明日を信じて頑張っていれば、必ず乗り越えられる時がくる。気がつくと乗り越えられている。そして「へー、やはり乗り越えられるのだ」と驚く時がくる。

そのためには、信じることである。信じて動くことである。

イラショナル・エモーションについては、私達は改めて「自分を作る」「自分を変える」という考えに立って、それに対処する必要がある。

例えば小さい頃からつらいことばかりで、本来の自分を失ってしまった。人間としての自然を失ってしまった。

嬉しいとか楽しいとかいう感情がない。

人間には悲しいという感情を味わうこともあるが、嬉しいという感情を味わうこともある。

それを取り戻す作業である。

鳥は音を聞かなければ、鳴くということを学習できない。同じようにうつ病者も楽しいという経験をしなければ、楽しいということを学習できない。

楽しいという言葉は知っていても、楽しいということを体験として理解できない。

食事は、普通の子には楽しいことである。しかし、いつもイライラした母親と、すぐに怒りだして子供を責め立てる父親と一緒の食事はつらい。

楽しい会話の一切ない食事、暗い雰囲気の食事、食べられることを父親に感謝しなければならない食事、そうした恩着せがましい食事しか知らなければ、大人になって「食事をしようか」と誘われても楽しくはない。

味覚も発達していない。何を食べても美味しくない。それで食事が楽しいはずがない。

うつ病者は、人が楽しそうにしていると気持ちが暗くなるという(註15)。

自分は楽しいことがない。そういう人は意地悪しない。どこかであの人、悪気がないと理解される。

「なぜ私の人生だけは、いつもこうして苦しいことばかりなのだ」と思うのは不思議ではない。

その不公平に怒りを感じるのは当たり前である。自分はみんなの犠牲になっていると感じるのが当然である。

それなのに、その怒りを発散できない。そこでうつ病者が「人が楽しそうにしていると気持ちが暗くなる」というのは当たり前であろう。

しかし、この時に「人生は不公平だ」と思うのではなく、「私は彼らと違って重い使命を担って生きているのだ」と解釈すればいい。

第2章

軽く扱われて生きてきた

トラウマと扁桃核

脳の扁桃核が過剰な覚醒状態になっていると、些細な出来事が次々に傷の瞬間を意識に保持し続ける。

興奮しやすい扁桃核を持って生まれた子が、不幸な幼少期を送った場合、そこから抜け出すには時間がかかる。大人になって過剰反応とか異常反応する人になる。

興奮しにくい扁桃核を持って生まれた子が、幸せな幼少期を送った。この両者の日常生活が客観的には同じでも、2人はまったく違った世界に住んでいる。

幼少期の体験が「情動の神経回路」に記憶として焼き付く。

トラウマは扁桃核に引き金的な記憶を残す。(註16)

ナチスの強制収容所の恐怖は50年たっても消えないという。

第3章で触れる、「記憶に凍結された恐怖」という言い方をしている。神経の警報ベル設定値が異常に低くなっている。

ちょっとしたことをものすごいことに感じてしまう。人のすることに過剰に反応する。（註17）

鼻中湾曲症の時に医者にかかって、診察室で鼻になにか器具を入れられる。骨を削られる。緊張して肩が上がる。看護婦が「力抜くのよ」と言った。こんなひどい人は、もともと看護婦という職業に向いていない。

その人の扁桃核に貯蔵されている感情的記憶が反応し、それが引き金になって、過去の痛い体験が再体験される。その患者の意志で、どうかなるものではない。

価値がないと思わされてきた

自己消滅型の人は無価値感や、罪責感と同盟を結ぶという。

彼は脚光を浴びないところに安心を感じる。

自己消滅型の人が絶望的段階の場合、わずかの体の兆候でもパニックになる。

それは、めまいがしても「脳腫瘍だ」と騒ぐ。

彼らにとって、ほんのちょっと理想の自我像が壊れるよりも、現実の世界で崩壊したほうがいい。

彼らにとって、ちょっとした失敗は大打撃である。

理想の自我像に固執している人は、些細な失敗は自殺するほどの原因になる。

小さい頃から、ありのままの自分に価値がないと思い込まされている。

ありのままの自分に価値があると思っている人とは失敗の解釈がまったく違う。


深刻な劣等感の親は、そうした環境を作る。そこで、子供は人間嫌いになる。

人間嫌いな父親、冷たい母親、嫌みの世界で成長した人もいる。

どんなトラウマ的事柄でも、扁桃核に引き金的記憶を植え込む。

小さい頃、ストレスにさらされて生きた人にとって、生きるということは、地雷がたくさん埋め込まれている土地を歩いているようなものである。

地雷が埋め込まれていない人と、まったく違う人生になる。

小さい頃から嫌みばかり言われてきた人がいる。そういう人は些細な一言で、不愉快になる。

自分は愛されるに値しない

自分は愛されるに値しないという自己イメージを持った人がいる。その人は自分を隠して生きている。しかし心の底では、自分はありのままの自分では好かれないと感じている。

この人が真の自分に出会うことを恐れているのは、自分の最悪の面を発見するのではないかと思うからである。確かにそういう点はある。しかし真の自分に出会うことを恐れるのはそれだけではない。

自分の愛すべき点を発見することも、恐ろしいのではなかろうか。自分の長所を発見することの恐ろしさ、確かにこのような恐怖は考えにくい。

しかし、このような恐怖は、やはりある。それは変わることの恐怖であり、未知への恐怖である。

つまりその人は、その時まで自分は愛されないという前提で行動してきた。自分はそのままでは他人から愛されないという前提で人と付き合ってきた。

愛されるためには、相手になにかを与えなければならないと考えてきた。お金か名誉を与えるか、あるいは労働奉仕か、服従することで相手の支配欲を満足させるか、迎合することで相手の無力感を解消するか、性的満足を与えるか、なにかを与えないと自分は相手から愛されないと思い込んでいる。

そのような前提で行動し、その上で相手から愛されることに慣れている。そのように自分を守ることになれている。そのような言動は自分の中で習慣化している。それが自分の住み慣れた世界なのである。

家族の中で我慢してきた人

例えば、うつ病になるような人は縁の下の力持ちというような家族環境の中で成長してきた。

実質的にはその家を支えながらも、家の中では立場の低いところにいる。

そのようなあり方を喜んでいるはずがない。その家の中には必ず好き勝手な真似をして、しかも立場が保障されているようなずるい人がいる。

当然、その人への憎しみを無意識では持つ。しかし、うつ病者を生みだすような家庭では攻撃性は禁じられている。具体的には兄弟けんかのようなものは禁じられている。するとしわ寄せは、我慢している人にくる。

家族の中には我慢する人と、わがままな人とが出てくる。

心を病む人が生まれてくる家族はどこかでこのような構造を持っている。

我慢する人は、憎しみを心の底に抑圧しながらニコニコして生きてくる。規範意識も強い。まず全体のことを考えて、自分のことを後にする。

しかし、喜んで自分のことを後にして、全体のことを優先しているわけではない。悔しさや怒りを心の底にため込みながら、全体のことを優先しているのである。

そして、我慢する人がいることをいいことに、他方ではやりたい放題をする利己主義者がいる。家族に限らず、これが心理的に病んだ集団の構造である。

そして、小さい頃に家族の中で我慢することを強制された人は、大人になっても集団の中で同じような立場に追いやられる。すでに従順や犠牲が学習されているのである。

自分が集団の中で受け入れられるためには、そのような立場を引き受けなければならないと感じている。学習している。

自己蔑視が身についている。常に人になにかをあげることでしか、人と付き合えないと感じている。

逆もそうである。家族の中でわがままな立場で成長した人は、大人になっても集団の中で利己主義者で通す。自分のわがままが通らないと怒りを表す。

利己主義者は社会の中でいろいろと人間関係のトラブルを起こすが、わがままを抑圧しながら成長した人はトラブルを起こさないように我慢する。

しかし、大人になっても心理的には不安定なままで生活している。

そうして、心理的には不安定な人の目の前に、昔その人を苦しめたようなわがままな人がいる。

すると、自分が抑圧した幼児的願望が刺激される。利己的な願望が活性化する。苦しいのは当たり前である。

しかし、その願望を意識から排除し続けなければならない。そこで心理的にパニックになる。

そうなれば、そうして心理的に病んだ母親などは、目の前にいる子供を虐待しても不思議ではない。

子供を虐待する親は残虐だと思っている人は誤解しているのであるが、この誤解は世の中によく起きている。

小さい頃から軽く扱われて

小さい頃、人からそれにふさわしい扱いを受けなかった。その怒りや不満を抑圧していた。その結果、対象無差別に褒められたい人間になった。

抑圧したものを今、接している人の態度で再体験するようになった。

そんな人の態度など無視すればいいのに、無視できないで、心が大きく揺れ動く。

関係のない人の態度が引き金になって、昔の屈辱感がこみ上げる。そして心がかき乱される。

ドイツの精神科医フロム・ライヒマンがいうように、小さい頃に母親から愛されなかった人は、対象無差別に人から愛されたい。

分かってもらえない人から、分かってもらおうと努力する。そのことで感情が揺れ動いてしまう。悔しい気持ちになる。

悔しがることではないのに悔しくなるのは、小さい頃から気持ちを理解してもらっていないからであろう。

小さい頃、誰からも気持ちを理解してもらえないで、悔しい気持ちを抑えていた。それが根雪のように心の底に積み重なっている。その積年の恨みに今、関係のない人の一言で、火がつく。不愉快になることではないのに、不愉快になる。

「八風吹けども動ぜず天辺の月」という言葉がある。その正反対である。

小さい頃に一生懸命努力した。しかしそれを認めてもらえなかった。兄弟の中でいつも不公平な扱いを受けていた。それも我慢した。

なにもかもが我慢、我慢で成長して、大人になった。

心の底には、計り知れないほどの悔しい気持ちが抑圧されている。

単純化して言えば、小さい頃からいじめられて生きてきた。

屈辱の上に屈辱が重なり、その重荷で心は倒れそうになっている。そのことに気がつかないで、長年にわたって生きてきた。

意識的には心は屈辱に麻痺している。しかし心の底ではちゃんとそのことは刻まれている。

今のかき乱される感情は、小さい頃に闘うべき時に闘わなかったツケのようなものである。闘わないで我慢して、怒りを抑圧して生きてきた「ツケ」である。

小さい頃から軽く扱われてきた。悔しかった。その悔しさを抑圧して、「良い子」を演じてきた。

その悔しさを誰も理解してくれなかった。

あまりの屈辱に、心は屈辱に麻痺していながら、孤独の中でおびえて生きてきた。

そうした中で今、怒りで心をかき乱されるほどのことでもない事柄に、心はかき乱される。

感情的に振り回されるようになったのは、それだけ解放されてきたということでもある。無意識にあるものが、今の体験で火山の噴火のように動き出したのである。

しかし孤独だから、怒りながらも恐れも大きい。怒りながらも、なにか大変なことになるのではないかとおびえている。直接的に表現できない。

「あなたのため」と言うサディスト

マゾヒスティックな人は、無意識に依存心がある。(註18)

なによりも依存心と「敵意や不満」は正比例する。

「あなたが幸せになるなら、お母さんはどうなったっていいわ(註19)」というマゾヒスティックな言葉は、サディズムが愛に変装して表現されていると見ていいだろう。

恋愛や子育てでつまずく人達がいう「あなたさえ幸せなら、それでいいの」はマゾヒスト的努力であり、強度の依存性の表現である。

そう考えると「あなたのため」という台詞《せりふ》は嘘であることが多い。

サディストは愛の仮面を被って登場する。(註20)

実は「あなたのため」と言いながら、相手を支配することを楽しんでいる。

母親は夫に失望して「息子を過度に所有し、支配することによって、その失望を補おうとしていたということであろうか(註21)」。

サディストは相手を痛めつけることで、自分の心の中の依存心から目を背《そむ》けていられる。

だから相手を痛めつけないではいられないのである。

意識では愛と正義であるが、無意識では憎しみである。

アメリカの精神科医カレン・ホルナイの神経症者の症状の定義では、おおかたのノイローゼ患者は、自分は、誰も理解してくれない神様なのだ、と〝信じ〟て、あたかも失望した虫けらのように振舞うのである。

サディストは、いじめる相手を離さない

絶望的空虚感、それは母なるものを持った母親の愛が手に入らない時に感じるものである。

アメリカの心理学者アブラハム・マズローのいう基本的欲求とは、母なるものを求める欲求である。

その基本的欲求が満たされない心理状態がノイローゼである。ノイローゼとは隠れたサデ

ィズムである。

そして、そこにサディズムが生じる土壌が出来上がる。

サディズムは本質的に依存的敵意である。ある依存する人に対する敵意である。

そうなれば、普通の人をいじめるのとは違う。普通の人に対する怒りや敵意とは違う。

依存的敵意を持った場合、その人はサディストにならざるを得ない。

サディズムとは、自らの心理的矛盾を解決する手段である。依存的敵意である以上、いじめてもいじめても、それで満足することはない。あくまでも愛を求めている。

サディズムの敵意や攻撃性の裏には、愛の希求が隠されている。だから異常にしつこい攻撃性になるのである。

だからモラル・ハラスメントと同じように、いじめる相手を離さない。

依存的敵意は、怒りは怒りであるが、その意味は愛の要求である。それだけに本人の怒りはしつこい。

「神経症的な愛の基本的な条件となるものは《愛人》の中のひとり、あるいはその両者が親のひとりの心像に愛着を抱いたままになっており、父親あるいは母親にかつて向けていた期待、おそれの感じを大人になっての生活においても持ち、それを愛人に転移するという事実である（註22）」

また、アメリカの心理学者ロロ・メイのいうごとく、不安な人には敵意が隠されている。その敵意は依存心とかかわる。だから素直に表現できないのである。

直接的に表現できなくても、不安だから攻撃に対して身構えている。

それが不安な緊張である。不安な緊張から眠れない。不安な緊張からリラックスできない。

そして不安は抑圧からくる。何を抑圧しているのか。もちろん一つは敵意であるが、もう一つある。

それは母なるものを持った母親の愛である。

不安な人は、自分が心の底で母なるものを持った母親の愛を求めていることに気がついていない。

自己執着とは、その母なるものを持った母親への執着にすぎない。自己執着の人は、その不安をどうしようもなくなっているのである。

自己実現している人は、人間をありのままに受け入れている。矛盾した存在としての人間を受け入れている。つまり、現実を受け入れている。

自己実現しているということは、現実的な努力をしているということである。自分にできることを地道にしている。

神経症的傾向の強い人は、ありのままの人間を受け入れていない。ただ理想を求めているだけで、現実的な努力はしない。理想を叫んでいるだけで、地道な努力はしていない。理想と比べて現実を批判しているだけで、批判している自分の心を反省していない。

神経症的傾向の強い人は常に憎しみが、愛とか平和の仮面を被って登場する。だから、どうしても神経症的傾向の強い人は、神経症的傾向の強い人と結びつく。

よい家庭で育った人は、誰がずるいか知っている

「おとなのパーソナリティは未成熟な時期を通じての重要な人物たちとの相互作用、中でも愛着人物たちとの相互作用の所産と見なされる。したがって幸運にも、普通のよい家庭で愛情のある両親と一緒に成長してきた個人は、支持、慰め、保護を求め得る人たちを、またそ

の人たちをどこで見いだせるかを、常によく知っている」（註23）

つまり、普通のよい家庭で愛情のある両親と一緒に成長してきた人は、人を見ている。誰が誠意のある人で誰がずるい人であるかを知っている。その判断力を持っている。愛情のある親に育てられたことの財産は人を判断する力である。

支持、慰め、保護が繰り返されて、でき上がる。成人した時に、それ以外の世界を想像できない。

よき隣人に恵まれて成長した人は、引っ越しても隣はよい人だと思っている。

しかし実は、ひどい人ということがある。困難にぶつかった時に、いついかなる時にも彼に援助の手をさしのべてくれる、信頼に足る人物が常に存在するという無意識に近い確信を彼に与える。

恐れを誘発するような事態に直面すれば、信頼できる人物を上手につかまえ、助けを求める。

それは人を見抜く力である。世俗で生きる、もっとも大切な能力である「人を見抜く力」を身につけている。

困難に際して、明日のことが心配で眠れない。そうして睡眠不足になるような人、不眠症になるような人は、愛着人物の有効性を信じて成長していないのであろう。事実信頼に立つ人を見つけられない。

無関心な親に育てられた人の周りには不思議なほどずるい人が集まる。

望ましい家庭で育った人は、たとえずるい人に接してしまった時でも、問題に対処できる。

「ずるさは弱さに敏感である」という言葉の通り、無関心という人間環境の中で成長した人は、周囲にずるい人ばかりが集まっている。

不幸な人生の「良い子」

脅しに弱い人というのは、小さい頃から脅されて生きてきた人である。

脅しでしつけられてきた。脅されて勉強してきた。脅されて家の手伝いをしてきた。要するに脅されて「良い子」になってきた。

そういう「良い子」が、大人になって脅しに弱い人になるのである。

小さい頃は権威主義の父親を恐れても仕方ないだろう。ヒステリックな母親を恐れてもいいだろう。しかし大人になってからも弱い人の脅しにおびえているのは、困ったものである。

大人になってからも弱い人の脅しにおびえている人は、小さい頃からの自分の人間環境を考えてみることである。

常に自分は脅されて生きてきた、ということが分かるのではないだろうか。そして、小さい頃は強く見えた人が、実はちっぽけな人間に見えないだろうか。

それなのにまだその人の感情の動きは昔のままである。つまり、頭ではおびえる必要がないと分かりながらも、気持ちはおびえている。

私はこれを感情習慣病と呼んでいる。

それは小さい頃からの脅しの中で、感情がおびえを学習してしまってきているのである。

脳のおびえの回路ができてしまっている。

家族の支配から、感情がおびえを学習

譲ることで好かれようとする。しかし期待したようなものがかえってこない。そこで不満になる。つまり、譲った相手が嫌いになる。

そもそも譲りたくないのに、好かれようとして譲ったのだから、譲ったこと自体で不満になっている。つまり二重に不満になる。

そして好かれよう、好かれようとしていると、相手の真意を誤解する。譲る必要がないのに、譲る。そして感謝されないで不満になる。

すべての人が嫌いになる。自分の一人芝居である。

真意を誤解することは、いろいろなことに表れる。

軽く言ったことを重く受け止める。それは父親が言ったことは、どんなことでも重大なこととして受け取らねばならなかったからである。感情習慣病である。

質問を、命令と受け取る。質問を、束縛と受け取る。

それは父親がモラル・ハラスメントで、常に相手を支配しようとしていた。

子供の側からすると、自分は常に支配されていた。常に束縛されていた。

親はもともと、すべての人が嫌だった。人が自分になにかをすることが嫌だった。人にかかわられるのが嫌だった。

自分が父親から嫌がられたのではなく、父親はもともと誰でも嫌だったのである。

感情習慣病で、大人になっても自分は嫌がられていると思い込む。

その感情習慣病で大人になって他人のいうことを支配と受け取る。そして不満になる。

支配や束縛は不愉快である。

そこで、人と接すると不愉快なことばかりになる。そのように脳の中の情報が伝達してしまう。

機能集団は役割があるからやっていけるが、共同体は役割がないから、やっていけない。

そこで共同体の中で、自分一人の世界に引きこもるようになる。

相手がプレッシャーをかけていないのに、プレッシャーを感じる。

従って、誰の言葉でもおびえる。好意を持っている人の言葉にもおびえる。

それが、その人の感情の習慣になる。

相手の提案を命令と受け取る。いつもビクビクしている。なにか要求されないか、といつもおびえている。

こういうおびえている人は話ができない。

自分の好意を、好意と受けとってもらえないからである。

こうなれば誰といてもリラックスできない。人といてなぜか不愉快である。生きていることが楽しくない。体に悪いのは生活習慣であるが、心に悪いのはこうした感情習慣である。

無関心になってしまう理由

こうして、すべての人から好かれようとすることが動機で行動するようになる。動機となったこの考え方は強化される。

そうして世界に対する興味を失う。犬や猫が好きとか、なにか他に興味は湧かない。

その結果、ただ自分が好かれることだけに興味を持つ。だから、四季がある国にいようが、常夏の国にいようが関係ない。とにかく自分が人に好かれることにしか関心がない。

それが生きる意味になる。そのため、いよいよ好かれることが必要になるが、すべての人に好かれるということはない。そうして、いよいよ人が嫌いになるという悪循環に陥る。

人に好かれないと意味がなくなっているのに、好かれない世の中は地獄でしかない。

この矛盾から抜け出そうと一人の世界に引きこもるしかなくなる。する必要のないことをして、一人で勝手に不満になる。

原点は父親から嫌われることの恐怖感である。そして自分の意志を失う。

他人と違った意見を言えない。怒られるからである。感情習慣病である。

実は父親から怒られたのではない。父親は怒りを外化しただけである。

つまり自分は、父親から怒られたのではないことに気がついていない。

孤独を動機にした行動は、より孤独になる。より好かれなければならないような気持ちに追い込まれる。

今日まで生き延びたのは、すごいこと

しかし、苦しみに耐える力が今はないという人は、それを嘆くことはない。

今までの人生は、権威との戦いであったかもしれない。

権威主義の親に育てられれば、自己実現はできていない。

どうしても迎合が身についている。それは戦わなかったのではない。

嫌いな勉強を20年しておかしくならなかったということは、信じられないほど強い人なのである。

おかしくなって当たり前なのに、今日まで生き延びたということはすごいこと。

もし心理的に安定していたら、すごいことをしていた。

したくないことを「したくない」と言ってすることには問題はない。

「行きたくない」と言って行かない分には問題はない。行きたくないのに「行きたい」と言って行くことが問題なのである。

例えば、政治に興味があり好きなのに、政治が嫌いと思わされて生きてくる。

嫌われるのが怖いから、あるいは良く思ってもらいたいから、嫌なことを必死でしてきた。それで心がボロボロになってしまった。

クセのある人間などに好かれたって、なにもいいことはない。クセのある人間などに嫌われたってなにも困ることはない。

それなのに、クセのある人に必死になって迎合する。無理をして体を壊す。

自己疎外された人は、そうした人生を送ってきたのである。

好きだったと認める。60才を過ぎても本当のことを認めれば救われる。

好きなことをできなかった。父親がサディズムになる。そうした父親の元で子供は成長する。


自分の人生は失敗だった、と認めれば救われる。

それをしないと不安な緊張から解放されない。

社会的に成功して、自分に絶望している人がいる。不幸な人は、嫌いなことで成功した人である。

そこを認めれば、救われる。認めることに遅すぎることはない。

社会的に成功することと、功成り名遂げることと、心の世界で成功することは違う。

「頭がよくなければ愛されない」と思い込む

アメリカで偉大な人間は、みんな丸太小屋で生まれたようだとオリソン・マーデンの著作に書いてあったが、丸太小屋に生まれても、心の中に神がいれば、お城に生まれるよりも幸せである。

丸太小屋で安心していられる子と、お城で不安な緊張をしている子では、明らかに丸太小屋で生活している子のほうが幸せである。

その人といると、なにも心配しなくてもいい。恥ずかしがり屋の人には、このように信じるに足る人物がいないのである。その人といるとホッとするというような人が周囲にいない。

小さい頃、なぜ？　を言える人がいれば強くなれる。

弱い人は、成長期にリラックスできる人がいない。自分の弱点を気にしないでいられるという人がいない。自分の弱点を隠さなくてもよいという人がいない。

頼れる人がいないことが、生きるに際してどれほどのプレッシャーであるかは、おそらく愛着人物の有効性を信じて成長した人には、理解できないことかもしれない。

ある美しい女性は、自分が「不美人」だと劣等感に苦しんだ。

それは母親から、「あなたは醜《みにく》い」と責められたからである。そして、その不美人という劣等感こそ、その母親の劣等感だったのである。

彼女は周囲の人から「美人ですねー」と言われたかもしれない。しかし彼女にとって、母親が唯一の重要な他者である限り、他人が言うことは彼女にとって心理的な事実にはならない。他人の言うことなど関係ないのである。頭に記憶として残ることはあっても、それが感情をともなって記憶されることはない。

劣等感は事実とは関係ない。親の投影による非難で劣等感を持つ。だとすれば何度も、何度も自分に言い聞かせれば、新しい回路ができる可能性はある。重要な他者の自分に対する反応から、自己イメージを作る。

他の人は頭がよくなくても愛されるが、自分は頭がよくなければ愛されないと思い込む。「自分はこうでなければ愛されない」と思い込む。

「私は愛されるに値する」と自分に何度も言い聞かせれば、新しい回路ができる可能性はある。

母親が自分に向いてくれていたか

過去のトラウマ（精神的外傷）がうつ病、自殺的行動、そして虐待への準備をする。傾けさせる。

トラウマの後に、脆弱《ぜいじゃく》な自己評価、身体化、そして内面化された攻撃性がしばしば起きる。

愛と憎しみのアンビヴァレントな関係を失った時には、しばしばうつ病になる。ことに子供時代の親の喪失の場合にはそうである。アンビヴァレントな関係を失った時の打撃は大きい。うつになる。

トラウマが小さい頃の場合には、影響は積み重なり、パーソナリティに深く刻み込まれる。

トラウマの第一次的な影響は、不安である。対象喪失の第一次的な影響は、うつ病である。

しかし、臨床の場面では二つは合体する。

対象喪失の悲哀を完遂できないと、うつ病になる。


元気よく落ち着いて勉強するためには、どうしたらよいか？

自分の目的ができれば人は落ち着く。心が落ち着かなければ勉強はできない。

人は、自分の軸がないから落ち着かない。自分の軸とは、その人の生き方。

「落ち着いて」ということは、「自分と他人を比較しない」ということである。

目的が必要といっても、目的を間違ってはいけない。

今、なんとなく元気がないあなたは、いつから元気を失ったのか？

小さい頃、大好きな人がいたのではないか。しかしその大好きな人が、自分を十分にかまってくれなかった。

何をするのも億劫なあなたは、小さい頃、好きな人から期待したほど自分を認めてもらえなかった。その人は、あなたが一緒にいてほしい時に一緒にいてくれなかった。

そうした絶望が、心の底に蓄積されているのではないか。

自分を信じられるようになるために、自分の心の底の絶望に気がつくことは大切である。

いつあなたは絶望したのか？　なぜ絶望したのか。

「お母さん、こっちを向いて、私だけのお母さんになって」と心の底で叫んだ時に、お母さんはあなたのほうを向いてくれなかった。

なにをしても楽しくないあなたは、そんな体験が積み重なったのではないか。

そしていつしか、そう叫ぶことも止めてしまった。叫ぶことが無駄だと感じたから。その時にあなたは絶望したのではないか。

そんなあなたが、明るく素直になれるはずがない。

なぜ自分は元気が出ないのか？　なぜ自分を信じられないのか？　なぜ自分はエネルギッシュに生きられないのか？　なぜ実際には変われないのか？

あなたはなぜ、心を閉ざしたのか。それを自分で分析することである。

そしてそれを話せる友達を作ること。落ち着いて勉強するということは、心がスッキリしなければ駄目。心の中のことを話さなければ駄目。話してスッキリとした時の心理状態、それがあなたの心の軸となる。

恩着せがましい人

アメリカの精神科医ノーマン・Ｅ・ローゼンタールが、無意識は風のようなものだと説明している。風は直接には分からないが、どちらの方向に吹いているかは木の枝の方向でわかる。(註24)

「他人が自分にどういう態度をとるか？」、そこに自分の無意識にあるものが表現されている。

「あなたのため」を連発する人は、相手に恩を着せながら、相手の心に橋を架けようとしている。

相手に恩を着せるようなことを言うことで、自分の存在価値を示そうとしている。自分に自信がないから、自分の価値を相手に売り込んでいる。

しかし現実には、それを言えば言うほど、その人の存在は軽くなる。

そういう恩着せがましい人は、やはり心の底では、憎しみと自己無価値感に悩まされているのである。

今のその人の人間関係は、過去に満たされなかった埋め合わせである。

安心の欲求はあまりにも強いので、他の欲求を抹殺してしまう。


よく戦場で死んでいく兵士が「お母さーん」と叫んで死んでいくという。しかしその叫ぶ「お母さーん」がいる人と、いない人がいる。

死んでいく時に「お母さーん」と叫ぶ人は生きている時に、心の支えがあった人である。しかしすべての人に心の支えとなる「お母さーん」がいる訳ではない。

心の支えとなる「お母さーん」がいない人の脳の扁桃核は、「過剰な覚醒状態になった扁桃核」なのであろう。

あらゆる意味で、今の自分は過去の集積なのである。

だから、どんなに頑張っても自分を一気にどうかするには限界がある。一気に変わることはできない。一気に強い人間になることはできない。一日一日の積み重ね以外には変わる方法はない。

人生は顔にも刻まれるが、心にも刻まれる。つまりその人の人生は、その人の扁桃核に刻まれているのである。

不登校になる本当の原因

子供が不登校になった。

その時に、我が家の矛盾が〝不登校〟という現象として表れたと理解することである。

子供の不登校の相談は多い。相談にきた人に「夫婦関係は？」と聞くと、「いえ、子供の不登校の相談です」と反発する人がいる。

こう答えることが、不登校の原因である。

例えば、母親と父親の確執が、子供の不登校となって表れたと本質を理解できれば、不登校という現象に対処できる。解決もできる。

子供の不登校を議論しているのは、パラタクシス的歪曲のようなものである。

問題の本質は子供が学校に行けないことではない。

事態に「対処する時には核を見る」ということについて、もう一つ例を書きたい。

その子は貧乏人をバカにしていた。「お金さえもっていれば幸せ」という。その子はお金に執着する。

父親に「稼ぎが悪い」と怒鳴る。親は黙っている。

もちろん、こうしたグレた子と戦うのにはすごいエネルギーがいる。でも、騒いでいる子の心の核を見る。

家では騒いでいるくせに、仲間集団にはいるとおびえて、なんでもお金を与える。子供は親の恐怖を知っていると、親を脅す。親に憎しみを持っている。

エネルギーのない親は、子供がおびえていることが見えない。子供との戦いを避けていると、解決はできない。親子ともに根は弱い。

親は表面の暴力しか見ていない。子供が子供の核の部分でおびえている。親はそれを見ない。

「死んでくれてもいい」と覚悟を決めれば、子供は立ち直るきっかけができるかもしれない。

不安な時はどうしたらいいか

心配や不安な時はどうしたらいいのか？

人は不安や心配な時は、考えないようにしようと思っても考えてしまう。

夜も昼も、ふと時間が虚しく過ぎていくと考える。そして、不安や心配ごとが雪だるまのように膨れあがっていく。

そして、その不安や心配ごとは、いつしかきっと、そうなるに違いないと思うようになる。憶測が次第に現実みを帯びてくる。いてもたってもいられなくなり、やがて恐怖に変わってくる。


あなたはなぜ心を閉ざしたのか？　そこを自分で分析することである。

幸せは悩みから見つける！

背伸びしすぎて挫折した苦しみがある。時を待つことで幸せを見つけた喜びもある。

深く悩む人ほど生きる力が大きい。

今になって改めて思い起こすと、あの時の失敗は決して失敗ではなかったと思う。

「この悩みさえなければ」と「この悩み」に心を奪われてその日を過ごしている。

「あーでもない」「こうでもない」と、いつまでも悩んでいる。

親は自分のしたことに気がつかないまま、「あの子は自由に生きたから」と言う。

親は現実と触れていない。心理的不健康な人である。

親が自分の見方を変えないのは「自分の価値が脅かされるのを防ぐ」ためである。

なぜ子供の不幸を否定するのか？　親は自分の価値剝奪におびえているからである。

親が嫌いだったことに気づいていない

小さい頃、父親が嫌いだった。母親も嫌いだった。そういう人がいる。

そういう人は、親は冷たい人、嘘つきだったということまでは意識できても、「嫌い」ということまで意識できないことが多い。

しかし、そこまで意識化しないと救われない。

学校も同じだった。嫌いな人に囲まれて生きていた。

嫌いな人に囲まれて生きているということに気がつかないで、大人になるまで生きていた。

だから生きることが楽しくなかった。なぜか、生きることに疲れる、生きるのがつらいのは、当たり前のことである。

嫌いな人にしがみつかれて生きている。

その悲惨さを意識することは禁じられている。実際に感じていることと正反対のことを、「自分は感じている」と信じて生きることが生きる条件である。

嫌いな人にしがみつかれながら、自分は「好きな人、立派な人」と一緒にいると信じている。そのことが「幸せだ」と無理に信じて生きている。

嫌いな家で目を覚まし、嫌いな家を出て、嫌いな学校へ行く。そして嫌いな人のいる家に帰ってくる。嫌いな人の手伝いをして、嫌いな人と食事をする。

小学校、中学校、高校時代は嫌いな人のいる学校に行く。

小さい頃から大人になるまで、どこに行っても嫌い、嫌いの中で生きていく。そうして生きることに消耗する。

良い子になり、自分自身の感情を失う。そして社会的成功が重要になる。

それに対して神経症的傾向の強い親は、子供にしがみつく。子供に対して独占欲を持つ。

神経症は親の必要性によって育てられた子供である。

このように親が心の葛藤に苦しみ、その心の葛藤を解決するために子供を巻き込む時に、本来の母親の可能性はなくなる。

親が、子供が自分以外の人と心の触れ合いの関係を持つことの妨害になる。

そういう人は、なんだか分からないけど人と一緒にいると不安になる、そして居心地が悪い家にいた。


嫌な親、嫌いな家であっても、そこで「嫌い」と思えれば立ち上がれた。

小さい頃、自分の周囲にいた人は、自分と違った自分になることを求め、強要した。

そして周囲の人に受け入れてもらうために、その人は実際の自分と違った自分になった。

大人になっても、いつも嫌われることを恐れて生きている。

自分の感じ方、考え方をいつも犠牲にして生きている。自分を偽っているうちに、自分が本当にはどのような人間であるかも分からなくなる。

好きな人だけとかかわっている人とは、まったく違った人間になる。

他人との比較をやめる

自閉症の論文「いわゆる『鬱病性自閉』をめぐって」(註25)の中で、前うつ病者の特徴として三つ挙がっている。一つは八方美人である。八方美人のほかに、他人との相互交流が希薄であるということが述べられている。

それは八方美人にとって相手が一人ひとり別の人格を持っていないのであるから当然であろう。自己中心的でなくなり、相手の人格を認められるようになって初めて、人と人との触れ合いがでてくる。

私の父親も、憂うつな顔をして、物を投げつけながら「俺は家族を愛しすぎるんだ」と叫んでいた。

「自分は母親を独占できなかった」と気がつき、自分を正直に認めればすべては解決するのに、認めなかった。

あなたも小さい頃、母親との関係で我慢することが多かったか？

自分は母親を独占できなかったということは、母親があまり家にいなかったということばかりではない。

自分は小さい頃から「良い子」でいた、という人もいるかもしれない。

不当に扱われても怒りさえも表現できないで育った子供もいるかもしれない。

元気がないことの原因を自分でいろいろと考えていく。

小さい頃「おかーさん、今日、縄跳び百回できたよ」と得意になった。

その時に母親は「馬鹿ね、そんなことしても有名大学に入れないわよ」とか「そのエネルギー、勉強に使ってよ」と言われてひどく傷ついた。

得意になったことを否定されたら、傷は深い。


大切なのは、自分の運命を受け入れることである。

いつまで親を責めていても人生は拓《ひら》けてこない。親を責めている人はいつになっても心理的成長はできない。つまり、いつになっても今の悩みを抜けられない。

親も人間だから、理想的な親などこの世にいない。

残念ながら比較的理想に近い親と、比較的ひどい親とがいるだけである。

いずれにしても、人は自分の親を選んで生まれてくるわけではない。

だから、自分の悩みの原因がはっきりと分かったら、今度はそれを受け入れることである。「これが私の人生」と受け入れる。

そして、自分と他人の比較をやめる。運命が違うのだから、比較しても始まらない。

小さい頃からの隠された敵意

安定した家で成長し、親に対する怒りのない子供と、親への怒りを持ち、それを表現した子供と、親への怒りを抑圧した子供では大人になってまったく違ったパーソナリティになる。

それを同じ人間と思って生きているから、人間関係でトラブルが生じて人間関係がおかしくなる。

人はそれぞれに、日常の生活感情はまったく違う。

自分と他人など、比較などできるものではない。

同じことを要求されても、それを実行するのにどれくらいエネルギーがいるかは、人によってまったく違う。

肉体的には大人だけれども、心は幼児。心理的な年齢を忘れて、元気な若者と高齢者とが競って生活をしている人がたくさんいる。その結果、思うようにうまくいかず、落ち込んでいる。

つまり、「いつも笑顔でいたい」と思う。それがある程度実行できる人と、どうしても実行できない人がいる。

外から見れば同じ人間でも、心の中はまったく違うのだから、いきなり「あの人のようにいつも笑顔でいたい」、そういう自分に「変わりたい」と思っても無理である。

「自分もあの人のように、心の動揺のない人間になりたい」と思っても無理である。

それは長い年月をかけて、「実際の自分」に気づきつつ、努力するしかない。

あの人にとってはなにもないことでも、小さい頃親への怒りを抑圧したパーソナリティの人には、信じられないほどの努力を必要とすることがある。

その人が大人になってから、どのようなパーソナリティであるかの基本は、小さい頃からの隠された敵意がどうなっているかである。

多くの人は心理的健康な人と接して、「自分もあのような人」になりたいと思う。しかしそう思っただけで、簡単にそうなれる訳ではない。

アメリカの心理学者マーティン・セリグマンは「母親を失った子どもは、愛だけを奪い取られた子どもではなく、その人生のなかで最も重要な結果に対処することができない子どもとなるのである」(註26)という。

「発達の躍動は、もし第一のパートナーである母親がいない場合には、実に無力なものである。母親がいないということは、抱きしめる時に、しばしば抱きしめかえすものがないということになるのである。のどを鳴らして喜んだり笑ったりしてもなにもかえってくることはない」(註27)

逆境を乗り越えた人生が幸せな人生で、逆境のない人生が幸せな人生ではない。

運んだ量と距離という結果は小さくても、蟻の努力が、象の努力に勝ることもある。

第3章

記憶に凍結された恐怖とは

強制収容所から帰ってきた

小さい頃からストレスの人間環境の中で生きてきた人、そして生きることに疲れてうつ気味の人は、自分は今、強制収容所から帰ってきたのだと思うことである。

小さい頃から破壊的メッセージを与え続けられたのである。

少し休もう。もう十分苦しんだ。

そうして休めばよいものを、そのストレスに弱い人間のままで社会的な成功を求めたりする。そうなれば心は破綻するしかない。

泳ぐ能力を奪われているのに、水泳の選手になろうとするようなものである。

現状がすでにパニックになっている人がいる。現状ですでに警報機が鳴っている。

副作用が怖いといって薬を飲まないような、うつ病者などである。

「記憶に凍結された恐怖」が貯蔵庫にない人には、その怖さが理解できないであろう。

「こうしたほうがよいのではないか」という提案も否定する。それは、その提案を実行することが怖いからである。

一つの事柄が、その人にどのくらい影響するかということは、人によってまったく違う。「記憶に凍結された恐怖」で心の貯蔵庫が満杯になっている人にとっては、副作用が怖くて薬が飲めなくて当たり前である。

別の人は、薬の効果の方を考えて喜んで飲む。

お医者さんがいう説明の効果も患者によってまったく違う。「記憶に凍結された恐怖」が蓄積されている人への影響力はすごい。

注意しないと「こんなことになりますよ」という一言が、「記憶に凍結された恐怖」が蓄積されている人にはものすごい恐怖感を呼び起こす。大変でないことを大変なことに感じてしまう。

大変でないというのは事実である。しかし心理的事実は大変なことである。

どもる。話に失敗する。そこで叱られる。すると、いつも不安な緊張をする。どもることが大変なことになる。

失敗は、対人関係の枠の中で失敗している。

毎日起きることは、実はなにもないことである。失敗しても、それほど大きなことではない。誰もその人に敵意を持っているわけではない。敵意を持っていないことのほうが多い。

記憶の中の恐怖感と不快感

記憶に凍結されているのは恐怖感だけではない。「記憶に凍結された不快感」というのもあるだろう。


ある人が自分にとっては極めて不愉快な人物である。そんな時に、その不愉快な人物がどのくらい不愉快であるかは人によって違うということを認識する必要がある。

「なぜ、かくもこの人が自分にとって、不愉快であるのか？」ということを考える中で、自分という人間の心が理解できてくる。

そんな人の言動で自分の中にある「記憶に凍結された不快感」がでてくるなら、いかに自分が感情的に自立できていないか、という自分の弱さを自覚できる。

世の中には搾取タイプの人も入れば、サディストもいる。

人が苦しむのを見ることで、自らの傷ついた心を癒している人もいる。


感情的、心理的に自立しなければ、人はこの世の中では安心感を持って生きていけない。

そのような体験をした時には、自分の位置を知って、向上心を駆りたてることである。

「記憶に凍結された不快感」が、目の前にいる人物によって刺激されたという場合もあるだろうし、あるいはある人物に対する不快感が、目の前にいる人物にトランスフォームされたという場合もあるだろう。

いずれの場合にしろ、それは目の前にいる人物との経験そのものではない。

目の前にいる人物は、自分以外の人にとってはそんなに不愉快な人物ではないかもしれない。

そこから「この人に会ったために、こんなよいことがあった」というように持っていくことがエネルギッシュな人である。

悪いことが悪いことではない。対処の仕方によってよいことになる。

ある不愉快な体験をする。それはそれ自体としては望ましくない体験である。嫌な体験である。

しかしその時の、その嫌な体験を通して自分の中にある「記憶に凍結された不快感」に気がつき、それと向き合い、それを消化できるかもしれない。

それを消化し、心の外へ排泄しなければ、いつまでも「記憶に凍結された不快感」は心の中に止まっている。

消化することを通してしか愉快な気持ちにはなれない。

記憶に凍結された恐怖がどのくらいあるかは、本人には分からない。

しかし、小さい頃の思い出が具体的にどのくらいあるかで、ある程度は分かる。

もし自分が自己疎外されていれば、心は生きていないから、日々の生活の具体的な思い出はない。

ましてや「ささやかな喜び」はない。「ささやかな喜び」があるということは、心が生きているということである。

食事の具体的な思い出があるかどうか、小さい頃の親との楽しい会話の具体的な思い出があるかどうか。

それらがないということは、当時は五感が働いていなかったということである。

恐怖感で生きていたから、後になっても恐怖感以外にはなにも残っていない。

その時のあの道に咲いていた花の色、あの時のあの景色、あの山に登った感動。あるのは「つらかった」ということだけ。自分がどこを歩いていたかも覚えていない。具体的なことはみんな忘れている。

「小さい頃の記憶に凍結された恐怖」に心が支配されていたから、思い出そうにも五感が働いていなかったから思い出せない。

人を救うのはお金でもなければ、権力でも名声でもない。人を救うのは過去と縁を切ることである。

なんとなく怖くて緊張する

破壊的な心的外傷（トラウマ）を受けた人は生物学的に二度と元に戻らない。[註28]
強烈な恐怖の記憶は脳内の化学的作用の変化を定着させる。記憶に凍結された恐怖の恐ろしさである。
これで自分自身の感情と触れ合うことができなくなる。

生真面目な人は、こうして生涯を強烈なストレスにさらされて生きる。

さらに問題は、彼らは自分がいかにすごいストレスにさらされて生きてきたかということを意識していないことである。

それは彼らのしていることが、社会的に見れば特異なことではないからである。

そういう人の社会的な体験は、青年期にアイデンティティを確立し、自らの意志で人生を選択した者と、同じようなものである。

しかし、心の中はまったく、似てもにつかないようなものである。

片方の世界は穏やかな春の日であり、もう一つは嵐が吹きすさんでいる。しかも自分の心の中は嵐が吹いている、ということを知らないでいる。

自分の意志で、自分の人生を選んだ人のストレスは脳に損傷を与えないが、外側から与えられた人生を生きている人のストレスは脳に損傷を与える。

こちらの人は恐怖の中で生きているのだから、脳は変わってしまう。

その人の「記憶に凍結された恐怖」が日常を脅かす。

よく「あの人はいつも緊張している」と言われる人がいる。あるいは「なにかあると異常に緊張して話ができない」というように言われる人もいる。

「何を怖がっているか？」というと、具体的には怖がっているものがないが、なんとなく怖いという人もいる。あるいは本人は「怖くない」と言い張るが実際には怖がっている。

こういう人は「記憶に凍結された恐怖」に日常生活が支配されているのである。

「記憶に凍結された恐怖」のある人と、「記憶に凍結された恐怖」のない人では、心を見ればまったく違う人間である。

単純化していえば、一方の心は恐怖に満ち、他方の心は喜びに満ちている。

外から見ると分かりづらいが、その身体の中に含まれているストレス・ホルモンがちがう。両者は決して同じ身体ではない。

心を基準にして判断すれば、いつも恐怖がある人は戦場で戦って鍛え上げられた勇敢な兵士であるのに、自分を恐怖におびえる弱い人と思っている場合がある。

それが燃え尽き症候群である。


スタートを間違えた。

そういう人は、「私は自分を変える」と決意をすることである。そう決意した時に、おそらく生まれて初めて、自分の心に力強さを感じるのではないだろうか。

「変える」とは、自分の意志で自分の人生を歩み始めるということである。

人生の困難に「立ちむかった時」に、その人はすでに強くなっている。

エネルギーを消耗しすぎる

恥ずかしがり屋の人は、失敗すると大変なことが起きると錯覚している。従って、アメリカの心理学者フィリップ・ジンバルドーの指摘するように、恥ずかしがり屋の人は失敗することを恐れる。

また恥ずかしがり屋の人は、人から否定的に評価されることを恐れるとジンバルドーはいう。

人から否定的に評価されるということや、人から拒絶されることは自信のない者にとっては、自分の存在が脅かされるほどの事件である。

不安な緊張で、睡眠薬を飲んでも夜も眠れない。食欲もなくなる。

どんなに社会的に成功していても、人から否定的に評価されるとおびえて生きていけない。

人は１００万人に賞賛されても、自分に自信がなければ怖くて生きていけない。

その恐れでエネルギーを消耗して疲れる。なにも恐れることはないのに、恐れて不安な緊張をして消耗する。

実は心の動揺から消耗して疲れ果てている人も、自信があれば平穏に暮らしていてもよい。心の問題を考えなければ、緊張することなどなにもない。

それなのに自信のない人は、不安な緊張で毎日身体をコチコチにしてエネルギーを消耗している。

人に会うのも、人に挨拶するのも、そこで話をするのも、仕事をするのも、自信があれば実はそれほどエネルギーを必要とすることではない。

しかし、「記憶に凍結された恐怖」が貯蔵庫に溜まっていると、そのなにもないことが緊張を呼ぶ。夜眠れず朝から緊張している。

そして夕方になれば、さらに消耗している。運動や仕事で消耗したのではなく、貯蔵庫の中の恐怖感が反応して消耗しただけである。

不安な緊張している朝は「今日は、現実には、なにも緊張することはない」と自分に言い聞かせる。「今日は、事実はなにも恐れることはない」と自分に言ってみる。

事実は恐れることなど、なにもないのである。恐れるように勝手に自分が現実を歪んで解釈しているだけである。

事実が恐れることなのではなく、その人の事実に対する歪んだ認識が、その人を恐れさせているだけである。

自信のない人は、自分で自分の首を絞めて「苦しい、苦しい」と言っている。自分で絞めているのだから、自分で手を離す以外に苦しみから解放される道はない。

「能力以上の体験をしようとする」から緊張するだけである。能力以上の話をしようとするから、話すのに緊張するだけである。

ありのままの自分に価値がないと自分が勝手に思い込んで、他人の評価を恐れている。

他人の評価によって自分の心の平静を維持しようとすれば、どんなに評価されても不安な緊張は直らない。

自分で自分の心を維持しようとしない限り、人が心の安らぎを得られることはない。

絶えず、つながりを確認したがる

ストレスに強い人間になりたい。ストレスに強い人間に変わりたい。そう思っている人は多い。

人生は課題の連続である。ストレスの連続である。だから誰でも自分は「ストレスに強い人間」になりたいと思う。ストレスに弱ければ、「自分はストレスに強い人間に変わりたい」と思う。

しかし人間関係依存症の人は、大人になっても小さい頃の見捨てられる不安が尾を引いている。その人が成長した「小さい頃の社会的枠組み」の中で起きていることを土台にして、物事を解釈する。

多くの場合、母親との関係であるが、小さい頃に愛着人物との関係が不安定である場合、不安定性愛着という言葉を使う。不安定性愛着という幼児期からはじまる人間関係が、その人の一生を支配することは珍しいことではない。

イギリスの精神科医ジョン・ボウルビィの解釈では、そういう人は、被害者意識から行動する。小さい頃から人に助けてもらっていない。

大人になってからなにかを体験すると、一人で生きてきた小さい頃からの経験からの解釈になる。別の言葉でいうと「愛情的絆」がない。

不安定性愛着とは、養育者と子供との関係を表している言葉だが、他の関係でも本質的に同じ関係がある。

関係が不安定であるから、絶えず「つながり」や愛されているということを確認していなければならない。関係が不安定というのは、事実が不安定というのではない。心理的に不安定という意味である。

大人になってなにか不愉快なことを経験する。しかしそれは、小さい頃の不安定性愛着ということに原因があることが多い。

生きることに疲れてしまう

「彼女はお母さんと一日中いっしょにいて、夜もいっしょに寝られたら一番いいのにという。ただもう両親がほしい、自分だけのものだったら本当の親でなくってもいいという[註29]」

保母に強い独占欲を示すのは、その子が他人に犯されることのない世界を作ろうとしているのである。母親と子供だけの世界を持つことで、自我が確立していく。それによって子供の心が強くなる。

しかし、不安定性愛着という幼児期からはじまる人間関係の場合、最後に情緒的離脱に陥ってしまう。そして悲しんだり、怒ったりしない人間になる。もう生きることに「疲れちゃった」のである。

もうこれ以上、心に傷を負わないように防衛的になっている。それが情緒的離脱である。心を閉ざしたのである。

現実と接すれば傷つく。そこで傷つかないように、現実に対して心を閉ざす。もちろん周囲の人に対しても心を閉ざす。

自分は、小さい頃からの不安定性愛着という心理に支配されていると意識しないと、自分の一生を支配されてしまう。

大人になってなにか不愉快なことを経験する。

しかしそれは、小さい頃の不安定性愛着という人間関係に原因があることに気がつかない。

自分の成長の過程を意識して、意識領域の拡大があれば別であるが、多くの場合そこまで気がつかない。

母親に過剰依存になる。母親と子供だけの世界を体験できていないから、コンプレックスに苦しむ。息子が母親にベタベタし始める。これが不安定性愛着である。

疲れた顔の子供

小さい子が元気なのは、ありのままの自分を母親が認めてくれるからである。認めてくれない時には抑うつになる。

だから「良い子」は生きるエネルギーがない。エリートは社会的挫折に弱い。生きるエネルギーがないためである。

セリグマンは、独占欲を満たされていない子供は、依存性抑うつ反応を示すという。子供は心理的なエネルギーが消耗するから、疲れた顔になる。セリグマンの著作では、依存性抑うつ反応と述べられている。そしてこれが引きこもりである。

それを情緒的離脱というか、依存性抑うつ反応と呼ぶかは別にして、なにもかもが嫌になった心理状態である。

絶望でも、感じる力があればよい。感じる力がないと自分が分からない。

なぜこのように、なにもかも嫌になるのであろうか？

「刺激を奪いとられた子どもは、それによって刺激への対処をもてない子どもになる」（註30）

小さい頃、自分の行動に反応してくれた親がいた子供と、いない子供では決定的に異なる。

笑っても笑い顔が返ってこない子供と、笑い顔が返ってきた子供では、その後のストレスへの対処能力が異なる。

その結果、とにかく「心に深く残る敵意を発達させる」。

その隠された敵意が、その後の人生に姿を変えて表れてくる。

「赤ん坊が吸い込むと、世界は暖かい母乳で応じてくれる（註31）」

大人になると、困ったことがあってもなんとか対処できる人と、困ったことがあると、そのまま努力しないで絶望してしまう人がいる。

小さい頃の母性剝奪は、大人になってからその人に信じられないほど大きな影響を持つ。

その深刻な影響は「結果をコントロールできない」という感覚を持ってしまうことである。（註32）

分離不安は第一次的絆がなくなって、次の絆ができないという時の不安である。不安定性愛着の者は、この世界のどこともつながっていない。不安になるのは当たり前である。

自分が変わる力を持っている人は、そういう環境であったにもかかわらず、今しっかりと生きている自分に自信を持つことである。

自分が神経症的傾向の強い人であるということで、自信を失うことはない。「自分は変わる」、その可能性を人は持っている。勇気がないという自己イメージを持つことはない。自殺しないで、今まで生きてきたということはものすごく勇気があることなのである。

親子の役割が逆転する

子供が親に対して、不安定性愛着から機嫌がいいことを要求するのはまだしも、問題は133ページでも触れる「親子の役割逆転」の時である。

不安定性愛着の親が、子供にいつも機嫌がいいことを要求する。そして子供が少しでも機嫌が悪いと親が怒り出す。子供の有効性に、親のほうが自信がないからである。

不機嫌な者は近づきがたい。近づいても応答してくれる可能性は少ない。

子供が機嫌よくなければ、親は子供に近づいて、応答してもらえることに自信がない。親は愛着人物である子供の「有効性をできるだけ確実にするために」、愛着人物である子供に絡む。不機嫌な親は、子供の不機嫌に敏感である。

そこで愛情飢餓感の強い親、別の言葉でいえば不安定性愛着の強い親は、家族がいつもニコニコしていることを要求し、家族の誰かが機嫌が悪くなると、親自身が一番不機嫌になる。

子供のけんかを禁止する親は、たいてい不安定性愛着の強いままで結婚した親である。子供のけんかを禁止すると、子供は攻撃性を表現できずに心理的柔軟性を失う。

さらに、不安定性愛着の強いことで注意しなければならないことは、被影響性である。他人の気持ちに影響されやすいのは共生的な人である。

自分と相手の分離がなされていなくて、自分の思い通りに相手が動いて当り前と感じているのが共生的な人である。これは、極めて相手に支配的なように考えられるが、逆に相手に支配されてしまうということでもある。

例えば、相手に機嫌よくしていてもらいたい。そうなると共生的な人は相手の気持ちが自分の望み通りになることを当り前と思う。

その時、自分が機嫌よかったとする。相手も機嫌がよいことを求めている。共生的ということは、ここで相手の気持ちと自分の気持ちが分離できていないということである。

この時、相手が不機嫌だったとする。これが共生的な人には許せない。


ちょうど食卓について、すぐに食事が出てこないと怒るのと似て、相手の不機嫌にすぐに怒り出す。もし、怒っても相手の不機嫌が直らないとなれば、相手に怒り続けるしかない。

怒られて不機嫌が直るというのは、極めて特別の例であるからたいていは怒り続ける。

つまり、共生的な人は、相手と自分とが同じ気持ちでなければならない。同じでなければ自分が持たない。ということは、相手の気持ちのあり方に、逆に支配されてしまうという結果になる。もちろん、これは心理的に依存関係のある人との間での話である。

分離ができて、初めて相手の不機嫌を受け入れながら、不機嫌の直るのを待って、自分は自分で、適当に機嫌よく過ごすということができる。

共生的な人は、すぐに相手の気持ちに影響されながら、相手に対して束縛的になる。一緒に生活する人は、なんとなく束縛を感じて気持ちが楽にならない。

一生を支配する〝不安定性愛着〟

不安定性愛着という幼児期からはじまる人間関係が、その人の一生を支配する場合がある。意識しないと一生を支配される。

大人になってなにか不愉快なことを経験する。しかし、それは小さい頃の不安定性愛着ということに原因がある場合が多い。

解決するには「意識領域の拡大」が必要である。

痛みでさえも認識で違ってくるのだから、失敗をどう解釈するかは重大である。

スタンフォード大学のキャロル・Ｓ・ドウェック教授によれば、能力の欠如と解釈すると、学習性無力感は克服されないという。

もちろん、生まれつきという遺伝の影響もあるだろう。

抑制的タイプと非抑制的タイプがある。でも、いつもストレスの強い環境で成長した子供は、ストレスを感じやすくなっている。

もともと感じやすい子供で、ストレスの強い環境で成長すれば、臆病になる。

自分の心理的歪みを直すためには、自分が成長した社会的枠組を正しく理解する必要がある。

「負けること」は悪いこと、「勝つこと」が価値あることという空気を吸って成長した人がいる。そういう価値観で成長した人がいる。

人と接する時には、自分はどういう価値観で成長したか、相手はどういう価値観で成長したかを考える必要がある。

大学に不合格になる。就職に失敗する、失恋する。しかし不合格という事実は単なる事実。問題は、どういう社会的枠組みで不合格になったかということである。

親との共生関係での不合格の人は心理的打撃が大きい。

そういう人は、成功が人生の幸せと錯覚するのは当たり前である。

そういう人は些細な失敗を恐れる。

不安な自分を守るために迎合する。攻撃的になる、引きこもる。すべて自分を守るためである。

不安な時には、自分は今までの人生でどういう人とかかわって生きてきたかを常に考える。

親が子供を責めるのは〝神経症的愛情欲求〟

愛を体験しないで成長すると、結婚してからの生活にそれを求める。それは配偶者ばかりではなく、子供にも求める。

「親子の役割逆転」の場合には、これが鮮明になる。それゆえに「親子の役割逆転」においては、親は子供に不満になる。

子供が信じられないほど親孝行であっても、親は子供を責める。

親が子供に求めているのは、神経症的愛情欲求である。従って、求めた反応が返ってこないのは当たり前であり、そこに怒りを感じる。

つらい時に人を責めているのが一番心理的に楽なのである。だから、つらい時に周囲の人を責めないではいられない。

この「責めるということ」の裏に隠されているのが神経症的愛情欲求である。

つまり、神経症的愛情欲求で責めている時には依存的敵意である。

そしてこの人を信じることができないということは、いろいろな深刻な問題に発展する。

基本的な信頼関係があって、初めて人は自立していける。

心の中に誰か信じる人がいるから自立できる。母親を信じることができるから、子供は自立していける。

母親との信頼関係があるから、子供は自立していける。

この世の中での、初めての出会いである人を信じられなければ自立は難しい。

母親固着のまま、他者との信頼関係が築けない人は「無力と依存」という人間の宿命を背負ったままで一生を送りかねない。

生涯「保護と安全」を求めつつ、不安な一生を送る。それが神経症的愛情欲求の人の悲劇である。

人に見せるための人生

自分が自分をいかに経験するか？　それに気がつかないと自分を変えられない。

神経症者は、自分が自分をどう感じるかは問題ではない。

人から幸せと思われればいい。自分が自分をどう思うかではない。ここで自己疎外が起きている。

彼らは、自分のための人生ではなく、人に見せるための人生を送っている。

人から「偉い」と思われることで、自分を経験する。つまり「人からどう思われるか？」に超過敏になる。

神経症的傾向の強い人は、いかにして自分を体験するか？

「幸せになりたい」より、「幸せに見られたい」、「潜在的能力を開花させたい」より、「有能な人とみられたい」である。


そういう人はどういう夢を見るか？

大事なもの、例えばパスポートをなくした、あるいは家に帰る道が分からない夢を見る。どうしても分かっているはずの目的地につけない。

アイデンティティの未確立である。自分が自分でない、自己疎外から神経症になったのである。

神経症とは意識と無意識が乖離していることである。

人格の統合性がある人とない人で、神経症と心理的健康な人とが分かれる。

神経症は人とリアルに向き合えない。人といると居心地が悪い。

普通の人は、「私は何者であるか？」と、無意識で考えない。

オーストリアの精神科医ヴィクトール・フランクルは、実存分析という心理療法を主張した。

それは人生の意味の発見であり、意味への意志の重要性である。

産業革命による経済の発展が成熟に達したイギリス帝国の絶頂期、ビクトリア朝時代の性的不満から実存的欲求不満に時代が変化した。(註33)

ルネサンスの時代、人間の一部を過度に一般化した。「あらゆる断念は『なされ』なければばならぬ」とフランクルはいう。「この断念行為は偶像視とまた同時に絶望から人を守る唯一のものでもあります（註34）」

絶望は、新しい世界への入り口である。

「自分の人生の意味を知る人——そういう人だけがすべての困難を最も容易に克服することができる」（註35）

本当は甘えたい

小さい頃よりもっと甘えの願望が強くなっているくせに、そのようなものはないという「ふり」もしなければならない。

自分にはまだ小さい頃の甘えの願望があるのだが、「ある」ということが神経症的自尊心を傷つける。

甘えの願望が異常に強いのに、それが「ある」ということを認められない。

認めないでそれを満たそうとする。これほど始末の悪いことはない。不満を解消する方法がなくなっている。

畏敬されないと不満である。しかし、馴れ馴れしくされると不満である。親しくされないと不満である。親しくされないと欲求が満たされない。しかし、親しくされると神経症的自尊心が傷つく。どうやっても不満なのである。励まされても不満だし、励まされなければつらくなる。指図されれば不愉快なのに、指図されなければどうしていいか分からない。かまわれると煩いと感じるのに、かまわれないと寂しくて仕方ない。声をかけられても、かけられなくてもどちらにしても幸せになれない。一緒にいなければ寂しくてつらいが、一緒にいると不快だし、わずらわしい。まさに八方塞がりの状態に追い込まれる。

うつ病者の際限のない受け入れ願望というのが、この抑圧の結果であろう。ひねくれてしまって手に負えない人が時々いる。おそらく小さい頃、心理的にハシカを経験しなかったのであろう。最後に自己喪失という罰を受けることになる。

人生相談で多い、共生的願望の強い夫

ラジオのテレフォン人生相談を始めてみて分かったことは、夫の共生的傾向に苦しめられている奥さんのなんと多いことかということであった。

家に帰ってきた時に、奥さんが機嫌よく「おかえんなさーい」と言わないとすぐに不機嫌になり、夜中まで押し黙る夫もいれば、その場で「俺がこんなに疲れて帰ってきたのに、なぜおまえはそんな態度なのだ」と怒りだして物を投げる夫もいる。

奥さんにしてみれば、いつもいつも機嫌よく朗らかに、元気ハツラツとしてなどいられないというのである。そのような夫は心理的に奥さんに依存して、奥さんと自分が別の人間なのだということが理解できていないのである。

つまり、妻との心理的分離ができていない。従って、いつも不機嫌である。夫がいると、なんとなく家の中が重苦しい。

それにもかかわらず、夫は「家にいてやる」という恩着せがましい態度に出る。

共生的な人は、いつも相手にそばにいてほしい。しかし同時に、自分一人でこんなことを

したい、いつも一緒では自由でない、という個別化の願望もでてくる。

しかし、個別化の願望より共生的願望のほうが強いから、いつも心は葛藤し、個別化の願望を抑えながら一緒にいる。

しかし、自分が個別化の願望を抑えているのは、自分の心の依存症からであるということに気がついていない。愛着人物に強い独占欲を示しても、満たされなかった幼児期に気がついていない。

そこで、一緒にいてもいつも面白くない。どうしても不機嫌になる。相手は個別化の願望を実現するためには邪魔である、しかし、その人と一緒にいなければ、自分が不安である。そこで不本意ながら一緒にいる。

相手にとってはたまらない。相手は別に一緒にいたいわけではない。一緒にいてくれと頼んでいるわけではない。それなのに重苦しく一緒にいて、そのうえ恩着せがましい。そして、いつも朗らかにしていろと気持ちにまで干渉してくる、そんな人と一緒に生活することになってしまった人は、100％自由がない。

そして、そのように共生的な人は、自分は愛情豊かな人間であると固く思い込んでいる。

自分が、人を愛することができない自己中心的な幼児だなどとはまったく思っていない。

自分にとって大切な人の不機嫌を軽く受け流し、機嫌がよくなるのを待つことができるようになって、分離が完成したということであろう。そうなった時に、自己中心性も卒業できたということである。相手が自分と違う人格を持った人間であることが理解できたのである。

そうなった時に初めて、他人を大切にするということができる。

それまでは、愛とは他者の自己化にしかすぎない。そして、相手の人格を認めることができるようになって、また八方美人でもなくなる。

独占欲を満たそうとする

母性的保護を失って、施設にくる子供は、どうであろうか？

ボウルビィによる育児院の研究である。

ボウルビィは、施設で保護されている子供たちを観察して次のようにいう。

「その結果、反抗（protest）、絶望（despair）、離脱（detachment）と名付けられる一連の反応のあることが指摘された（註36）」

「親から離れる時の心理状態」は次のような経過を辿る。

不安、絶望、離脱、こうした経過をとって人は抑うつになる。

「不安抑うつ状態や精神病的症状は、不安、絶望、離脱の状態と組織的に結びつくものであって、これらの状態は、子供が長期間母性的人物から分離されるときや、母性的人物との離別を予測するときや、母性的人物を完全に喪失するときに発生しやすい（註37）」

就寝時に泣く、ベッドで泣く、「両親、特に母親を呼び求める泣き叫びは、最初の3日間が最もいちじるしかった（註38）」。

「これらの子供たちは、親を求める気持ちが強すぎるために、保母に結びつこうという意欲もなく、慰めに対して拒否的であった。最初のうち子どもたちは更衣、食事、排便でさえも拒否した（註39）」

これは反抗、絶望、離脱の初めの反抗である。

その後、次第に慰めを求め出す。愛情を求める最初の努力は、対象無差別的なものであった（註40）。

これが神経症者である。「あの人」という人がいなくなる。そうなると「好き」と言ってくれる人が「好き」になる。認めてくれる人がいい人になる。こうして神経症者は騙される人に成長していく。

施設に連れられてきて、「親が立ち去る瞬間がくると、大抵の子供は泣き叫んだ」(註41)。

絶望の段階であろう。まだ離脱の心理状態ではない。絶望の段階が、大人になるまで続く人もいる。いつまで経っても自我の確立ができない人達である。

肉体的に大人になれば、泣き叫ぶことはできない。突っ張っている大人である。ヒステリックに世の中の人々を批判する。ネガホリックといわれる人である。とにかく否定する。どのような生産的提案も否定する。

子供の独占欲が満たされないと、特定の保母を独占しようとする。他の子供の世話をすると許そうとしない。このようにボウルビィは解説する。問題は、保母を独占しようとすることばかりではない。

独占欲の満たされない子供が親になった時である。

配偶者を独占しようとしてトラブルを起こすばかりではない。家族を独占しようとする。子供が家族の外に、自分の世界を作ろうとすることを禁じる。

小さい頃、愛着人物との関係で独占欲を満たされなかった人は、異様な家族愛を強調して家族のものを家に縛りつける。

問題は家族が好きで、縛りつけているならまだいいが、家族が嫌いでありながら家族を束縛することである。

家族が嫌いでありながら、家族を束縛する心理が情緒的離脱であろう。小さい頃、満たされない独占欲を持ったままで大人になり、結婚後の生活で独占欲を満たそうとしているのであろう。

「子どもは離別経験の後に帰宅したとき、両親、特に母親に対して問題行動を示すということが明らかである」(註42)

独占欲が満たされないままに大人になった人の行動と似ている。「特に母親に対して問題行動を示す」のが、母親ではなく、例えば妻である。

人が恵まれているのが許せない

よくマザコンの夫として一括して呼ばれる人達である。

マザコンの夫に苦労している配偶者は多い。頑張っても夫は直らない。多くのマザコンの夫は、優越したいという劣等感と、人が恵まれているのが許せないという憎しみがある。

マザコンの原因は、小さい頃の愛着人物との関係が不安定だったからである。原因の根は深い。配偶者はそれに気がついていない。

心理的に健康な夫は独占欲が満たされているので独占欲が働かない。

「家庭から離別した経験をもつ子どもは、見知らぬ場所へ連れて行かれたり、見知らぬ人に保護されたりすると、再び隔離されるのではないかという恐怖心をもちやすい（註43）」

この子は親を恨む。親に向かって出て行け！　と怒鳴ることができた子供は解決がつく。

「いろいろな理由で母親から離別した健全な家庭の正常児についての観察は、たとえ他にどのような要件が作用したとしても、幼い子どもが母親から離れて未知の場所で見知らぬ人と一緒に過ごすと、反抗、絶望、離脱の諸反応を示すことを明らかにしている（註44）」

「母性的人物に対して愛着性を形成していた乳幼児が、無理に母親から分離されると苦悩を示す、そしてもしもその子どもが未知の環境において数名の見知らぬ人物によって養育されると、その苦悩は増大しやすい。その子どもの行動は一定の順序をたどる。最初、彼は激しく**反抗**し、必死になって母親を取り戻そうと努力する。その後、彼は母親を取り戻すことに**絶望**するように見えるが、しかしまだ母親に心を奪われており、その復帰を期待している。さらに後になると、母親に興味を失ったような反応が現われ、母親から情緒的に**離脱**するように見える[註45]」

　これが抑うつの心理である。

　分離に対する子供の反応には三段階ある。

「**反抗**の段階は分離不安の問題を関連している、**絶望**は悲痛と悲嘆に、そして**離脱**は防衛の問題と関連している[註46]」

　三つの型の反応、分離不安、悲痛と悲嘆、防衛。

　最後の段階が最初に認識される[註47]。

　防衛は、悔しい、怒りなどの感情を表現できなくてうつになる。

　不安と苦痛の中で人は最後に抑うつになる。やる気をなくす。傷つかないように悲観主義になる。

「子供」が、「そのリンゴを半分、食べたいなー」と思う。「母親」は、そのリンゴを半分、切ってあげた。「子供」は満たされた。

子供は、求めて、応えてもらって、安心する。こうして信頼関係が生まれる。

「信頼する仲間がいれば、いかなる種類の事態に対する恐怖も減少する。対照的に、ひとりぼっちになると、いかなる種類の事態に対する恐怖でも増大する。われわれ各自の恐怖への敏感性の程度は、愛着人物の存在・不在に大いに左右されるといってよい[註48]」

信頼する仲間は愛着人物の代理をすることができる。

「恐怖への敏感性の程度」とはどれくらい「怖がるか」ということである。

「望む時に愛着人物を得られないという可能性ほど、恐怖をもたらす事態はないと思われる[註49]」

愛着人物の有効性、それは接近性と応答性である。

接近性とは「近づき得る」ことである。

これが不安定性愛着である。嫉妬深い、占有的、貪欲な、未成熟な、過剰依存の、強い、激しいなどが愛着という言葉の前につけられる[註50]。

要するに、しつこい。ぶつぶつと文句を言いながらまとわりつく。不安定性愛着は憎しみになる。好きだか嫌いだか分からないけど、ただ側にいてくれればいいとなるのではないか。

不安定性愛着とは、執着のこと

ボウルビィのいう不安定性愛着は執着のことである。

愛着人物に対して不安定性愛着になるのではなく、自分に対して不安定性愛着を持つのが自己執着である。

自己執着が強いという人は不安定性愛着の強い人である。自己執着が強いということは、情緒的未成熟と同じ。自分のことしか考えられない。

嫌われるのが怖いから、おびえる。よいしょする。迎合する。疲れる。

もともと愛はない。自分の不安感を消そうとする、誰でもいい。

冬山で遭難して自分が閉じこめられた時に通りかかった人によく思われようとする。しかしその人のためになることをなにかしようとは思わない。
自分が凍傷を起こしている。その人によく思われようとする。自己執着になる。家の中にいても「良い子」は遭難しているようなものである。

不安定性愛着は、愛着人物の有効性に不安であるということである。具体的には、接近性と応答性に不安である。

日常的な生活のレベルでいえば、相手が機嫌よくしていてくれないと、不安である。相手の好意を常に確信できていないと不安になる。従って相手の不機嫌にはおびえる。相手が不機嫌だとすごく不安になる。

不安定性愛着の者は、相手がいつも機嫌よくしていてくれないと嫌なのである。

いつも機嫌よくしていてくれないと、不安になる。心理的に落ち着かない。

そこで相手の好意を確認したくて、相手に絡む。相手が機嫌よくしていないことを責める。責めるのは、それだけ相手の不機嫌に耐えられないということである。

ところが、直接は攻撃できないので「嫌だなー、その声は」とか「嫌だなー、その言い方は」とか「嫌だなー、その態度は」とか言う。それが相手を責めるということである。

不安定性愛着の人が、不安定性愛着の心理のままで結婚をする。親になる。すると、親との関係で満たされなかったことを、配偶者や家族との関係で満たそうとする。配偶者や家族がいつも機嫌よくしていないと耐えられない。

今、述べた「嫌だなー、その言い方は」というような言葉は、「機嫌よくしていてくれ、俺は耐えられない」という叫びである。

不安定性愛着の者は、相手の不機嫌には敏感である。相手が接近しにくいということで、心理的にパニックに陥るのである。

根本のところでは満足していない

ところで貪欲がなぜ不安定性愛着なのか、理解に苦しむ人もいるだろう。

欲張りな人は、根本的なところで満足していないのである。不安なのである。幼児的願望が満たされていないのである。

心理的に健康な人は、貪欲な人を見て、「なぜそんなに欲張りなんだろう」と不思議に思う。「なぜあれもこれもと欲張るのか」と思う。どうしていま持っているもので満足できないのかと不思議に思う。

お母さんは自分だけのお母さんだという独占欲が満たされている人は、基本が満たされている。そういう人は、夕陽を見てきれいだなと思うし、そよ風も気持ちいいなと思う。

しかし、お母さんは自分だけのお母さんだという体験をしていない人、つまり独占欲が満たされていない人は、満足ができない。

独占欲は一番基本的な欲求で、お母さんは自分だけのお母さんだという独占欲を満たされて初めて、夕陽やそよ風に幸せを感じる。

夕陽もそよ風も、それ自体が、幸せを与えるわけではない。基本的な欲求が不満の状態では、夕陽を見てもなにも感じない。味わうことができない。

しかし、満たされている人からすると、なぜ素晴らしさを味わえないんだろう、あの人はなぜなにも感じないのだろうとなる。

たとえば、もっと春を味わうとする。心理的に健康な人は「あー、これだけ春を味わえた、よかったなー」と思う。貪欲な人は「どうしてもっと味わえないのだ」と嘆く。

不安定性愛着の者は、なにかの事情で近づけなかったり、応答されないとひどく傷つく。例えば褒めてもらえると思ってしたことで、それを無視された時などである。

「あれー、よくできたわねー」と褒めてもらえることを予期して、愛着人物に近づいた。しかし愛着人物は、その場を黙って立ち去ってしまった。そんな時には、情緒的に成熟した大人には想像もできないほど、不安定性愛着の人々は深く傷つく。

そして求めるものが激しい時には、十分に応答されないとパニックになることもある。その応答はただちにその場で応答されないとパニックになる。なんらかの事情でその場でパニックになれない時には無気力になる。憂うつになる。

情緒的に成熟した大人なら、そこで「どうしたら応答してもらえるか」を考える。つまり、どうしたら相手がこちらに注意を向けてくれるか方法を考える。しかし、不安定性愛着の子供には、それだけの心理的ゆとりがない。

急に不機嫌になる人

不安定性愛着を分かりやすい日常の言葉でいえば、大人の場合それは「気難しさ」である。「あの人は気難しい」と表現された時、それはその人が不安定性愛着の大人であることを意味する。

自分の言うことに「こう応えてくれるだろう」と期待している。

露骨ではなくうまく自慢話をしたとする。そして「すごいわねー」と応じてくれると期待した。しかし、あまり感心されなかった。それで傷ついた途端に不機嫌になる。

ある人の悪口を言ったとする。聞いている人が「へー、そんなにひどい人なの、知らなかったー」と驚いてくれると期待した。「それにあなたは我慢していたの、つらかったでしょう」と話は進むと思っていた。

ところが相手の応答はあっさりしたものだった。「そー」で終わってしまった。

今までご機嫌で話していたのに、相手の応答で途端に不機嫌になる。相手の応答の仕方が愛情欲求を満たさないので、急に面白くなくなる。

相手は自分の応答の仕方が、そんなに話し手に影響力があるとは夢にも思っていない。そこで突然の不機嫌に驚く。そして、「あの人は気難しくて」と嘆くことになる。

不釣り合いなほど激しく怒る

小さなことに不釣り合いなほど激しく怒る人がいる。どうでもいいことが、どうでもいいことでなくなる。

なぜ不釣り合いなほど怒るのか？　しかもその怒りはなかなか消えない。それは、その人の蓄積された感情的記憶が刺激されたのである。過去から溜め込まれた怒りに火がついた。だからその場にふさわしくない怒りになる。眠れなくなる。そんなことでなぜ眠れなくなるかと人は思う。しかし、それはそのことで発生した怒りではない。過去の蓄積された怒りが燃え始めたのである。

例えばその人は、長いことずるい人に利用されて、傷ついて生きてきた。その度に心は傷ついた。その心の傷が長年にわたって根雪のようになって、その人の心に蓄積されている。そしてまた利用された。

その怒りが蓄積された感情的記憶を刺激した。そうなれば、ちょっとしたことで眠れなくなる。何でもないことが何でもあることになる。

「こんなこと、たいしたことではない」と本人も頭の中では理解している。

しかし怒りは消えない。眠ろうとしても眠れない。

それは、無意識の領域にある、つもり積もった怒りのためである。

お金持ちでも幸せじゃない

神経症的傾向の強い人は、不愉快な感情をコントロールする能力を失っている。

なぜなら人格の統合性を失っているから。意識と無意識の乖離がある。

アイデンティティの確立に支障がある。

過去に囚われる人は、自己イメージに囚われている。その眼鏡を通して物事を見ている。

神経症的傾向の強い人の自己イメージに、客観的な根拠はない。

自分は価値がないという自己無価値感も根拠がない。

自己蔑視している人と、自己蔑視していない人では、同じ言葉に違った反応をする。

誇大な自我のイメージを持つ人は、無意識に自己蔑視がある。周囲の世界は敵である。

他人の単なる意見に屈辱を感じる。

なにか物をお金で穴埋めしたい。自己実現していないことを権力で穴埋めしようとする。お母さんの愛の穴埋めをしようとしているだけと気がついていない。

今まで頑張ったのも、親の期待を実現させるため、あるいは周囲の人の期待を実現させるためで、自分の願望を実現させるためではない。欠乏動機で頑張った。

成長動機と欠乏動機とがある。成長動機とは、自分が成長するための行動。欠乏動機とは、欠乏しているためにとる行動。たとえば、幼児期に満たされなかった独占欲を満たそうとする。

お金を儲けるために夢中になっている人がいる。お金で基本的な欲求不満を解決しようとしている。

しかし、お金持ちが自殺するケースがある。幼児期に満たされなかった「自分だけのお母さん」という独占欲は、お金では満たされないということ。

お金を儲けて幸せになっていればいいが、そうなっていない。だから、人がうらやむお金持ちが自殺するということが出てくる。名誉をいくら得ても満たされないということである。

周囲は「なぜあんなにお金儲けに熱中するのか」となる。本人も、なぜ満たされないか気づいていない。

受け身の形で頑張った。その結果、ストレスは強かった。

ストレスに耐えて頑張って、エネルギーを消費しているうちに自分は何者かという関心が薄れた。そのまま頑張れば、燃え尽き症候群になる。

アメリカの心理学者ダン・カイリーのいうように、自分は何者かという関心が薄れることで、自分の意志で自分の人生を選ぶ機会がなくなる。燃え尽き症候群になる。

そういう人の目的は、外から与えられたものである。

相手の期待に応えることにばかりに気持ちがいって、「自分とはなにか？」ということに注意がいかない。

第4章

幸せになるには、まず不幸を受け入れる

未知の自分を恐れる

こんな話を読んだことがある。

犬に新しい大きな小屋を作ってあげた飼い主がいる。ところが犬はその新しいほうに入らない。いつまでも古いほうで寝ようとする。

そこで飼い主は、古いほうの小屋の入口を板で締めてしまった。するとある朝、犬は古いほうの小屋の屋根の上で寝ていたか、死んでいた、おおよそそんな話であったと思う。

40ページで触れた『BORN TO WIN』に次のような話がでている。

ある人が森の中を歩いていて、一羽の若い鷲を見つけた。その男は、それを捕まえて家に帰り、庭の納屋に入れた。鷲《わし》は鶏の餌《えさ》を食べ、鶏と同じように行動するようになった。

そこに博物学者が通りかかる。博物学者は、これは鷲だと主張する。しかし飼い主は、鶏と同じように訓練してきているし、飛ぶことを学んでいないので、もう鷲ではないと主張する。

そこでどちらが正しいか、試してみることになる。博物学者は、そっと鷲を抱き締めて、おまえは地の者ではない、天の者だ、羽を伸ばして飛でごらん（You belong to the sky and not to the earth. Stretch forth your wings and fly.）、という。

しかし、鷲は当惑するだけである。そして鶏と一緒にいようとする。翌日、博物学者は鷲を屋根の上において、同じことをいう。

やはり鷲は、鶏の餌を求めて地上に飛び降りる。その翌日、博物学者は朝、鷲を高い山の上に連れていった。そこで頭上高く上げて、もう一度同じようにいう。

鷲は周囲を見渡し、納屋の周囲の庭を振り返り、空を見た。しかし飛ばなかった。

博物学者は鷲を太陽のほうに向けて差し出した。鷲は体を震わして、ゆっくり翼を広げ、遂に雄叫びを上げて、天に舞い上がっていく。

この話の中で鷲が舞い降りてしまうのを、未知の自分と未知の世界を恐れていると説明している。鷲は未知の自分と世界を恐れていた。

確かにその通りであろう。

なんでもないような話であるが、なにか忘れられない話であった。確かにこの話は実際の自分に照らして考えると、考えさせられる話である。

人はとにかく住み慣れた世界から出ることを恐れる。我々は未知の自分を恐れる。自分の知らない世界といっても自分が旅したことのない世界というのではない。自分の知らない心の世界である。

一生間違った行動をとり続ける

193ページ（「最初の体験が心にしみつく」）でも少し触れるが、人間には最初に出会ったモデルに固執する傾向がある、ということは注意すべきことである。

私達は「人間とはこういうものだ」という人間のモデルを、親というたった一つのものに頼って作ってしまう。

ラジオの人生相談で、いくら悩みごとの解決の方法を提案しても有効でないのはこのためである。

悩んでいる人は、本当に驚くほど心を閉ざした、マインドレスネスの状態を身につけてしまっている。そのため、周囲の人がさまざまな方法を提案しても、実行しようとする人は少ない。

長年にわたってラジオのテレフォン人生相談をしてきて、悩んでいる人の中で人間について多くのモデルをもつ人々に出会ったことはほとんどない。

大声でわめき、粗暴な行動をする患者を一人だけしか知らない子供は、アルコール依存症患者というものは、そういうふうにふるまうものだと思い込んで成長する。

それと同じように、何事にも「ハイ、ハイ」と従順に賛成しないと、大声でわめき、「粗暴な行動をする親」だけしか知らない子供は、親とは、また人間というものは、そうふるまうものだと思い込んで成長する。

そして、何事にも「ハイ、ハイ」と従順に賛成することで人間関係を保とうとする。従って人間関係のもつれに対して「こうしたらいい」と提案しても、それを実行しようとしない。

そして、一生間違った行動をとり続ける。だから努力だけして無理をして、犠牲を払って、その上で不幸なのである。

現実を受け入れられない

人が、たいしたことのない小さな不幸を受け入れることができないのは、なぜか？

それはその小さな不幸が、抑圧している大きな不幸を刺激してしまうからである。今の小さな不幸が、意識から追放していた過去の耐えられない大きな不幸に気づかせてしまう。このような場合、この人はすでに深刻な心の葛藤があり、それが心の容量を超えている。

自分が変わることは難しい。いくつかのことに気がつくことが大切である。その中に「変化を恐れる」ことが入る。

ある時、先述の『BORN TO WIN』に、次のようなことが書かれていた。

つまり、現代人はいろいろな仮面を被って生きている。そして、自分自身の真の姿に出会うことを恐れている。

多くの人は、自分の最悪の面を発見するのではないかと予測している。しかし事実はそうではない。隠された恐怖は、自分自身の最良の面を発見するのではないか、というような意味の文章である。

原文を書くと次のようである。「Many people expect to discover the worst. A hidden fear lies in the fact that they may also discover the best.」(註51)

その文を読んだ時、自分自身の最良の面を発見することを恐れるなどとは、とうてい考えられなかった。

しかし、なぜかその文章のことが気になっていた。時々、その文章が思い出されるのである。心に引っかかって離れない。

そんな馬鹿なことがあるものかと思いながらも、なぜか気になるのである。そしてよく考えてみると、確かにそのような面はあるような気がしてきた。

不満な人は、長い人生の一瞬しか見ていない

不満な人は、長い人生の一瞬しか見ていない。だから不公平と感じる。

使命を果たし終えた時には、大きな喜びが待っている。「いつかきっと報われる日がくる」、そう思えばいいのである。

どうして輝く道に行くか？

自分は重荷を背負っても今、元気にしている。この自分の生命力を信じよう。これだけのことがあっても生きているエネルギーを信じよう。このエネルギーの使い方を考えよう。

セリグマンの実験で、あることで身についた無力感は転移するという。

同じようにあることで身についた恐怖感は、他の状況でも働く。

小さい頃父親との関係で身についた恐怖感は大人になっても、あなたの人生を支配する。他の人と向き合った時に、その恐怖心は作用してくる。

神経症的傾向の強い親がすぐに怒るので、怖くてなにも言えなかった少年は、大人になって自分を愛してくれる人に向かっても、怖くて言いたいことを言えない。

言うべきことを言えない。相手が怒るのが怖いのである。怖がる必要はないのに怖い。怖くないものを怖がって不幸な一生を終わる人のなんと多いことか。

十回や二十回言ったから、それでいいというものではない。百回でも千回でも、そう信じられるまで言い続ける。

「食わず嫌い」という格言がある。食べなければ美味しいか、不味いかは分からない。しかし食べないうちに「美味しくない」となってしまう。

うつ病者の物の考え方の特徴がこれである。possible loss を established fact と考える。だめかもしれないことを、だめに決まっている、とうつ病者は考えてしまう。やってみなければば分からないのに、「できるわけない」となってしまう。

同じことを恐怖感でもしている。これから先に起きることを怖がっている。

「明日はあの人に会わなければいけない、そして謝らなければならない、これを渡さなければならない」等々のことがある。

そう思うと逃げたくなる。嫌な気持ちになる。不愉快になる。不安になる。そして最後は死にたくなる。

「なぜ生きることは、こんなにつらいんだ」と恨む。誰を恨んでよいか分からないが恨む。ほとほと疲れ果てる。身も心もボロボロになる。

でも実は、怖くないものを怖がって、消耗しているということはないだろうか？

「これは怖くはない」と自分に言い聞かせると同時に、「これはそんなに嫌なことではない」と自分に言い聞かせる。

なにか嫌なことを体験すると、嫌でないことも嫌と感じてしまうように、自分の心ができあがっているかもしれない。

怖いと感じる心になってしまっている。自分はそういう心だと意識する。

何が怖いか見てみよう。全盲を受け入れて歩くことを考える。

怖いという感情を受け入れて、行動する。


シーベリーは「自分に怖いものがあると決めてはいけません(註52)」と書いて、その後に次のような例が出ている。

マサチューセッツの海岸に、長い間借り手のつかないコテージがあった。明かりをもった幽霊が出ると思われていた。

やっと一人の女性がそこを借りることになった。しかし真夜中になるとギラギラする光と、白い人影が暗闇の中を近づいてくる。そこで彼女は白い人影に向かって歩き続けた。

そして突然、彼女の手は、長い姿見にぶつかった。

白い人影は、ナイトガウンを着た彼女自身の、鏡に映った姿だった。そして光は灯台の光が部屋の中にさし込んでいただけだった。

何が怖いかを見る。道が暗ければ懐中電灯を持っていけばいい。

怖ければ、あえて動かなくてもよい。

「これ」を言わなければ、気が済まない人

悩んでいるのではなく、目的に向かって戦うのだ。

悩んでいる人と、問題を解決しようとしている人では視点がまったく違う。

悩んでいる人の視点は、不満。つまり悩むこと、文句を言うことが主眼で、問題を解決することが主眼ではない。

悩んでいる人は、それを言ってもなんの解決にもならないことを延々と言う。それは恨みつらみを間接的に表現しているからである。

心の底の隠された怒りの処理が、優先順位第一位である。

悩んでいる人は、問題を解決することが大切なのではなく、「文句を言うこと、私はこんなに苦労していると訴えること」が大切である。

従って悩んでいる人と、それを解決してあげようとする人とが、相談しているとお互いに不満になる。

悩んでいる人がどうしても言いたいことは、問題を解決しようとしている人からみると

「そんなことを言えば、事態は悪化するばかりだから、言わないほうが良い」ということが多い。

夫婦関係でも、上司と部下でも、親子関係でも、なんでも良いが人間関係でトラブルがある。

悩んでいる人は、「これ」を言わなければ気が済まないということがある。まずとにかく「これ」を言いたい。なによりも「これ」を言うことが優先順位第一位になっている。

たとえば「あなたが、これこれをしたから、こうなってしまった」とトラブルの相手を責める言葉を言いたい。

しかし問題を解決しようとしている人から見ると、「そんなことを言えば、事態は悪化するばかりだから、言わないほうがよい」となる。

悩みを顕微鏡で見ている

悩みを顕微鏡で見てしまう。それを見ることで過剰反応をして、その過剰反応でさらにものすごい顕微鏡で見る結果になる。

当たってみたら、それほどの困難ではないということもある。

夜も眠れないほどの困難な状況に感じさせてしまうのは、まず立ち向かうエネルギーのなさであり、それが事態を実際以上に脅威に感じさせてしまう。

エネルギーがないことが、事態を重大にしてしまう。

そしてそのおびえた反応は困難をさらに大きく脅威に感じさせるという悪循環である。

こちらの気持ちがおびえていると、現実には脅威でない人が脅威に感じられる。その人と会うのが怖くなる。

会う前からおびえでエネルギーを消耗し、なにもしていないのに疲れてしまう。会う前からおびえた緊張に悩まされ、会っている時には相手から威嚇《いかく》を感じる。

相手は別に威嚇をしているのではないが、こちらが心理的におびえているから威嚇されていると感じてしまうのである。

予測不能で、期待はずれでエネルギーがなくなる。こうなるはずだと思っていたが違った。自分が信じられなくなる。

自分を抱えきれないと分かった時にエネルギーがなくなる。

苦しくても、自分を抱えきれると分かっていれば、人は歩く。

自分の周りに迎合する人がいると、道を間違える。

一人であると言っている時には間違えることは少ない。「よいしょ」がないから。

自分を抱えきれない時にはエネルギーがなくなる。


ずるい人なら、こちらがおびえているということをすぐに感じる。そこでこちらを舐めていじめ始める。

その人と会うのが怖くなれば、それに気づいた相手はおびえた人を利用し始める。おびえた人をいじめることで、自分の心の傷を癒し始める。

それは近い関係でも、遠い関係でも同じである。お姑さんの気持ちがおびえていれば、お嫁さんは脅威になる。お姑さんにとって、お嫁さんの存在がストレスになる。

お嫁さんが、お姑さんに何をしなくても、お姑さんはお嫁さんにおびえる。そしてなにも家事をしなくても、そのおびえた緊張から消耗してくる。

それに気づいたお嫁さんは、お姑さんをいじめることで心を癒す。

もし夫との関係がうまくいっていなければ、お姑さんいじめでその不満を晴らす。

一旦いじめ始めたら、いじめられるほうは、いじめる人が脅威になる。いじめる人が現実には弱い人でも、ものすごい人に感じられる。

勝手に馬鹿にされたと思い込む

誰かがあなたを馬鹿にしていないのに、馬鹿にされたと思う。誰かがあなたを無視していないのに、無視されたと思う。誰かがあなたを責めていないのに、責められたと思う。もうなにもかもが悔しい。誰も彼もが許せない。人類すべてを殺したい。寝ても覚めても許せないことばかりである。

一時として心安らぐことはない。朝も心の葛藤、昼も心の葛藤、夜も心の葛藤、トイレの中も心の葛藤、息を吸う時も心の葛藤、息を吐く時も心の葛藤、葛藤、葛藤、また葛藤である。

それはあなたが今、逃げようとしている苦しみよりもはるかにすさまじい苦しみの体験でである。

死ぬまで嫌なことが続いても、それに耐え続けると覚悟をし、明日を信じ続けるか、希望を捨てて地獄に落ちていくかの選択を迫られる毎日である。

しかし、いかに過酷な運命であっても、その自らの運命を受け入れる。そして、それを自らへの挑戦と受け取る。

「神は私の力を試すために、私を地獄に生み、這《は》い上がろうとした時に再び私を地獄に突き落とした」と思い、この試練に挑戦する。神の与えた試練、それは栄光の試練でもある。

恵まれた人間環境で成長した人が与えられる地上の栄光などに比べれば、はるかに本質的な栄光である。

「明日こそは、明日こそは」と希望を持ちながら、毎日裏切られ続けても、それでも希望を捨てない。

棺桶の中に入っても希望を捨てない。それが希望を持つということである。

それがたくましい人である。

「成功とは、はてしない忍耐で背を丸めている、しゃくとり虫なのです(註53)」

しゃくとり虫にはリズムがある。成功とは、毎日、毎日不愉快なことがあっても、耐えて、まず先へ進むことである。その不愉快なことでやる気を削がれないで、先へ進むことである。

あのしゃくとり虫のように、少しずつ確実に前に進むことなのである。

独りよがりなレッテル

その人と比べてなにか一つ欠けていると、それで自分は他人より劣っていると考える。うつ病者の視点である。

自分の仕事上の業績があるのに、相手が卒業した大学が自分より有名大学だと、それだけで相手のほうが優れていると感じてしまう人がいる。

誰でも完全ではない。誰でもなにかが欠けている。その欠けたことをどう認識するかが問題なのである。

彼らは「これは自分に欠けている。でも自分は、これだけの仕事をしてきた」と全体的に自分を考え、評価することができない。

そこで、うつ病者は具体的に「私は○○を持っていない」と言わないで、ただ「私は劣っている」と自分を表現する。うつ病者の認識は極めて「おおざっぱ」である。

柔軟な心構えを育むには、私達がネガティブと思う行動にも、当事者にはそうするだけの正当な理由があるのかもしれない、と覚えておくことが助けとなる。

その理由が、観察者としての私達には理解しがたくても、人はわざと、けちくさく、残酷に、気難しく、頑固に、無口に、いい加減に、軽率に、神経質にといったようにはめったにならないものだ。

不愉快な特性を伸ばそうとする人などいないのである。この挙げた中から、自分に当てはまりそうな特性を選んで、ある状況を想像してほしい。誰かへの贈り物を特売で買ったとしたら、自分のことをけちくさいと思うだろうか、それとも倹約家と思うだろうか。

春のある金曜日に、子供たちを学校から早引きさせたら、自分のことを無責任と見るだろうか、それとも遊び好きと見るだろうか。

ほとんどどんな行動でも、否定的に捉えることもできるし、許容範囲内と捉えることもできるし、筋が通っていると捉えることができる。

さまざまな視点から、物事を見ようと努力することから生まれる成果が重要である。

まず、反応の仕方に選択肢が増える。独りよがりなレッテルでは無意識の反応しか得られず、選択の幅が減る。

また、ほかの人も自分とそれほど変わらないと理解することで、共感が生まれ、反応の幅が広がる。対立した気分に陥ることにはならないのだ。

次に、この柔軟な姿勢を自らの行動に当てはめると、変化がますます可能となる。

エレン・ランガー教授が臨床に就いていた時のことだが、治療を受けている多くの人に「私は変わろう」という気持ちが強く見られた（それゆえに彼のところへ行くのだが）。

それだけでなく、その望んでいる行動が既にその人のものとなっていたので、彼には奇妙に思えたものだった。何が彼らにストップをかけていたのか。

振り返ってみて気づくのは、彼らは大いに楽しんでいた行動（「強迫的になること」など）を変えようとしていた。それを別の視点から（「自発的になること」など）試みようとしていたのである。

このことに気づけば、自分の行動を変えることはネガティブなものを変えることではなく、ポジティブな二つのもの（「思慮深くなること」と「自発的になること」など）から選ぶことと見られるだろう。

心という鏡が壊れている

猫なのに犬として育てられる。猫は猫の本能を否定されている。猫は訓練だけで生きている。

猫の足と犬の足は違う。だから猫の生き方は不自然にならざるを得ない。ところがこうして、もともとは猫のような動物を犬として育てるような親は、その不自然になった猫を軽蔑する。「そのままでいいんだ」というような言い方をする。

自分が「そのままで」いられないように育てておいて、「そのままでいいんだ」という。こういう育てられ方をするとどうしても自分がなんだか訳が分からなくなる。最後には「自分だけが不幸」という感じ方になる。

人間もこうなったら。その人のアイデンティティは完全に破壊される。自己同一性が破壊されている。易しくいえば、心という鏡が壊れている。

人は、自分を心という鏡に照らして、自分を判断する。それなのに、鏡が壊されていたら自分が見えない。自分で自分が分からないし、誰を信じて良いか分からない。

そうなれば、「あなたの顔は綺麗」という人について行ってしまう。あなたの顔には泥がついているから顔を洗ってこいと言う人は嫌いになる。

心という鏡を壊されてしまうと、相手の顔を見て喜んだり、悲しんだりすることになる。心という鏡を壊されてしまえば、いちいち「今、自分の顔はどうですか？」と人に聞かなければならなくなる。


自分でない自分を褒めてくれた人が、いい人になってしまう。猫なのに犬と言ってくれた人がいい人になる。逆に猫と言った人を嫌な人と思う。

自分が猫であることを否定されたら、魚が好きではまずい。そこで自分が魚が好きであることが許せない。そうして生きているからいつか人生は行き詰まるのである。

だからフィットテイカーというアメリカの心理学者がいうように人生が行き詰まったら逆が正しい。

社会的視点から見た「その人」と、心理的視点から見た「その人」とは違うことがある。どちらの視点でその人を見るかで、その人の評価は違う。

夫は自分を、社会的視点からのみ見ている。妻は夫を、心理的視点からのみ見ている。こうした夫婦関係が上手くいかなくても不思議ではない。

ノイローゼが治らない人は、既存の人間関係を変えることができない人である。

ノイローゼになるような人は新しい考えで新天地を開くことができない。新しい考えで新天地を開くことが伸びることであり、それが幸せになる方法である。

伸びることは、発想を変えるということである。発想を変えるとは、ものを見る視点を変えることである。それで心の位置が変わってくる。

ものを見る視点が変わってくれば、周囲のものはみな違って見える。そこに安らぎがあれば、もう元には戻らない。いや元に戻れない。自分の人間性に気がつけば元に戻る人はいない。

例えば離婚したり、会社を辞めたり、親元を離れたりして、貧しくなった人がいる。でもどんなに貧しくても今の生活のほうがいい、と言っている人はたくさんいる。

付き合う人を変えること

今の自分の人生に不満な人は、付き合う人と読む本を変えなければ、夢を持っていても人生は変わらない。

あなたが悪口集団に入っていたとする。そこでどんなに人の悪口を言っていても、あなたの人生は変わらない。

まず、そのような人や集団から離れる。付き合う人を変えることである。

ひねくれた考え方を肯定している本をいくら読んでも夢は叶わない。違った視点の本を読んで見ることである。

苦しくても、元気でいられる法則があってもいいのではないか。

あなたが苦しいのは分かる。でもお互いに「苦しい！」と、そればかりを言い合っていても前には進めない。それでは幸せは来ない。この苦しさをバネにして前に進むしかない。

苦しい中にもホッとするものを探す。苦渋の顔をしていてもいい、ほんの一つホッとするものを探す努力をすることである。苦しい中で我慢して、もうひと踏ん張りをして笑顔を作る。その努力ができれば幸せになれる。

山登りをしている。喉が渇いた。誰も水をくれない。「なぜ自分だけがこんなに苦しいのだ」と思う。

悩んでいる人は「自分だけが水を飲めない」と思う。でも、誰もが山に登る時はそうなのだ。

それよりもこの先、誰も水をくれないかもしれない。だって、周りの人はもっと苦しいかもしれないのだから。水は自分で探して飲むしかない。

苦しんでいるあなたは、山道の下から聞こえてくる谷川の音を聞くのを忘れていないか。

自分の恥を出さず、家族にもバレず、いい方法がないか考えるから悩む。その上、同情を得られる方法がないか考えるから悩む。

悩んでいるビジネスパーソンは、会社も、いい生活も、世間体も捨てられないのである。

そして、これをしたいというものがない。

思いきってホームレスを三年すれば、エネルギーが湧いてくる。新しい視点が生まれる。

世間の目を気にしなければ、新しい人生の目的が持てる。新しく人生を始められる。目的が持てれば悩みは消える。

反面教師の視点

古代ギリシアの政治家デモステネスはＲの発音が不自由であることで、死ぬほど頑張った。そして大雄弁家になったが、最後は劣等感で自殺した。

オーストリアの精神科医アルフレッド・アドラーは足が不自由であったが、幸せになり、多くの悩んでいる人を救った。

生涯の受け取り方が違っただけである。

反面教師という言葉がある。

どうしようもない人間であるが、視点を変えれば、自分にものを教えてくれる教師ということである。

会社の危機を元気で乗り切る経営者もいれば、危機で挫折する経営者もいる。危機で挫折するどころか、平常の経営でノイローゼになる経営者もいる。

そのストレスに耐える力を表すHardinessについては31ページで触れたが、Commitment（かかわる）、Control（コントロールする）、Challenge（チャレンジする）という三つのCを要素にする。

危機に際して健康で乗り切れた経営者は、視点を変えることができた経営者である。逆境を自分へのチャレンジと受けとった。


親切にはいろいろとある。
1. 騙すため
2. 思いやり
3. おだてて利用するため
親切な言動も視点を変えれば、馬鹿にされていることがある。

「譲る」にもいろいろとある。
1. 愛から
2. 弱いから

３．自分を主張できないから

心理的視点でものを見るのと、社会的視点で見るのとではまったく違う。社会的視点で望ましいことも、心理的視点で見れば病気ということがある。

よく「夫は、結婚して人が変わった」という女性がいる。そういう場合もあるだろうが、もう一つは、妻が夫を見る視点が変わっただけである。

視点を変えれば、年収１億の人よりも、「自分の人生は豊か」ということもある。

視点を多くもつ努力をする。

つまずいた時、新しい自分を見つける。

つまずいた時、適正な目的を見つける。

みんなでコロンブスのように「西へ行こう」という必要はない。

コロンブスは机を叩いて、「西へ行こう」と言った。

机を叩いて、「信頼できる人を探しに行こう」でいい。

「私自身が信頼できる人間になろう」でいい。

人を信用できないのは、自分が自分を信用できないのだから。

母親に愛されない人は、疑い深い人間になる。

人を信用するということは、リスクを伴う。

人に好かれたいのは、幼い頃、親に好かれた経験がないからである。

親が深刻な劣等感のある人であれば、子供は人に好かれる経験をしていない。

深刻な劣等感のある人は人間嫌いである。子供は嫌われて育っている。

嫌われているだけでなく、縛られている。嫌いな人に縛られて成長している。しかもその嫌いな人に感謝することを強要され、側を離れることを禁じられている。


不安は、パーソナリティを貧困化するという。感情の貧困化である。

美しい夕焼けを見ても「綺麗だー」と感動しない人がいる。秋に落ち葉が地面に敷きつめられていても、「素晴らしい」と感動しない人がいる。触覚など五感を奪われた人がいる。

劣等感の唯一の喜びは優越である。そういう人には五感の喜びの体験がない。


自分は、疑い深い人間ではないか？

なぜだろう。その反省で「意識領域の拡大」が起きてくる。

「意識領域の拡大」こそ、「西へ行こう」である。

マインドフルネスとパラダイム・シフト

高齢者で平家《ひらや》がいいと思っている人がいた。３階の家に住んでいた。しかし階段は筋肉を鍛えるから、３階なら90歳まで歩けると言われた。

その説明で悩みの家の構造が、希望の家になった。これがパラダイム・シフトである。

パラダイム・シフトとは、多面的な視点で世界を見るようになれることである。


ある先生は好きになれない生徒がいた。

その子は、１年生の時は優秀な子、３年生で母親が死に、父親がアルコール依存症になった。先生は汚れた子を嫌いになっていた。

しかしその履歴を知って、その子を見る目が変わった。

パラダイム・シフトのためには心の柔軟性が必要である。

パラダイム・シフトするために行動を変える。

他人の間違いを見つけて非難する人がいた。競争社会に毒されている人であった。

しかし、自己防衛のための非難を止めた。すると人々が優しく見えるようになった。彼が活動の塊を捨てれば変わるのは認識の仕方である。


今、生きるのがつらい人、生きることに疲れた人が、生きがいをもつことに必要なのは、パラダイム・シフトである。

自己執着があれば、なかなかパラダイム・シフトはできない。

マインドフルネスで無心だとパラダイム・シフトはできる。

パラダイム・シフトをするためには、マインドフルネスでなければならない。つまり、多くの視点で物事を見るようになっていなければならない。

パラダイム・シフトするためには新しい情報に心が開かれていなければならない。

人の苦しみを知って、その人と自分の違いを認識してパラダイム・シフトできて、今の悩みが和らぐことがある。

神経症的要求をしている人は、パラダイム・シフトが難しい。ことに自己中心的な人はパラダイム・シフトが難しい。それは自分の必要性が絶対の優先権を持っているからである。

感情的盲目性の結果、自分だけが悩んでいると思っている人がいる。人も同じように悩んでいると知った時に、パラダイム・シフトが起きる。

悩んでいるのは「自分だけではない」ことに気がつくのが、新しい情報に心を開かれているということである。

あるいは、今の自分の苦しみは、「過去のツケ」だと気がついた時に、パラダイム・シフトが起きる。

パラダイム・シフトできない人がいる。感情的盲目性はパラダイム・シフトできないということである。

苦悩には意味がある

この苦しみは人生の問題からの救いと解放と分かちがたく結びついているのに、優越感を持とうとするものは、それを自罰（self-punishment）に感じられる。

苦労が多ければ多いほど、人生のトラブルは少なくなる。

例え苦しんでいても、それが人生の試練からの解放に自分を導くということを知らないで、その立場に固執するのが神経症である。

自分の立場に固執することは、自分の視点に固執することである。

マインドレスネスである。今、自分が立っている視点以外に、視点はいくつもある。

他の視点から物事を捉えてみる、それがマインドフルネスであるが、それが人生を生きやすくする。

エレン・ランガー教授とアドラーとは、もちろん言葉は違うが、主張していることの根底にあるのは同じである。


アドラーの成功の秘訣の一つは、アドラーが他人の目で見、他人の耳で聞き、他人の心で感じたということであるという。

ここでいう成功とはもちろん社会的な成功ではない。治療の成功という意味である。

人間は完全な存在ではない。それを認めることが生きる出発点である。

だから、完全主義は生きることを否定することであり、生きることから抜け出すことであり、死へ向かうことである。

その人がいろいろな問題を解決する時、安易な解決法を選ぶ典型的な例が神経症的野心である。

基本的不安感から抜け出す、もっとも安易な道は神経症的野心である。

だからこそ最後には不眠症に陥るしかない。

フランクルのいう、以下のこともまたパラダイム・シフトである。

指導は「苦悩能力の確立」であるとフランクルはいう。

これは、神経症などで病んでしまった人に対して「苦悩には意味がある」と、苦悩能力を確立するよう指導していくのがフランクルの方法だった。

態度価値を実現化する能力。それはポテンシャルの高い人の能力である。

フランクルは、苦悩もまた人生を意義深いものにするという。パラダイム・シフトである。

さらに「苦悩は人生の最深の意味を充足する機会である」という。

「快感への意志」と、「権力への意志」の彼岸に、意味への意志がある。人生の意味および価値はもっとも重要である。

創造の意味と愛の意味を超えて、苦悩の意味の問題に突き当たる。

苦悩に意味を発見した人が、パラダイム・シフトできた人である。

認知行動療法は、パラダイム・シフトを目指したものであろう。


コップに水が半分しかない時に、「ない」ほうに注意を向けるか、「ある」ほうに注意を向けるかが、パラダイム・シフトである。

パラダイム・シフトは心のゆとりを必要とする。

シーベリーが、「注意に注意せよ」というのも同じことである。

私はこの年齢になって、1年に1回人間ドックに入るようにしている。ところが先日、人間ドックに入る数日前に突然、喉に炎症が起き高熱を出してダウンしてしまった。

そして病院へ行って点滴を受けていたのだが、隣の病室では人間ドックの検査が行なわれていた。

私は「この体調ではとても人間ドックの検査には耐えられないから、今回の人間ドックの予約はキャンセルしなければな」と思っていた。

そして、隣の様子を耳にしながら人間ドックの検査を受けている人達をとてもうらやましく感じた。人間ドックの検査を受けられるということは有り難いことなんだなと思うと、今まで人間ドックに入るのを面倒くさくて嫌だと思っていた自分の感じ方に驚いた。

私は人間ドックに入ることは嫌なことで、できれば人間ドックなどしたくないと思っていたが、人の感じ方一つでそれは有り難いことでうらやましいことになるのだとつくづく思った。

なにか不快なことがあった時に別の視点から見ると、これはどう見えるのかという習慣を身につけたいものである。

嫌なことがあった時には「長い目で見ると、これはよかったのだ」と自分に言い聞かせる。

最初の体験が心にしみつく

視点を変える必要があるが、なかなか変わらない。

人間は、最初の体験が心にしみつく。

一度あることを体験すると、二度目に同じ状況に遭遇した時には、最初の体験に固執するようになるという心の傾向がある。こうした傾向は、熟考する前に形成されてしまうとエレン・ランガー教授はいう。

一度腐ったリンゴを食べると、それがリンゴの味だと思ってしまう。エレン・ランガー教授のいう「とらわれ（早発的認知拘束）」とよばれるものである。槍だけと思っていた。でも鉄砲でもあると思う。それが視点を変えるということである。行き詰まった時には、視点を変える。

心の安らかさは認識の仕方によって影響されるのだが、その認識のされ方が極めていい加減である。その人のそれまでの人生によって認識の仕方は違ってくる。

それで同じ事実が違って認識される。

アメリカのベストセラー『The 7 Habits Of Highly Effective People』（註54）（非常に効果的な人々の7つの習慣）という本に、次のような体験が紹介されていた。

ある時、日曜の午前中に地下鉄に乗っていた。それまでは乗客はそれぞれ静かに座っていた。そこに親子が乗ってきた。子供は騒ぎ回っている。みんなはいらだつ。著者もいらだち、ついにもう少し子供を静かにさせるようにその父親にいう。するとその父親が謝りながら、今病院で母親が死に、どう考えていいか分からないところだという。それを聞いて著者はその子供の騒ぎにいらだたなくなった。

また、シーベリーの著作には次のような話があった。

「ローニング夫人は不幸でした。夫のノイローゼが彼女の生活に深刻な影響を与えていた。彼女は何年も、夫の自分の扱い方に泣かされてきました。

そしてある日、夫人は夫の恐怖を真面目に観察し始めました。夫の状況を理解するのが実に面白かったので、とうとう物語を書き、主人公に夫の生き方をさせてみることにしました。

新しい興味は、夫に関する不安から彼女を解放したばかりではなく、夫の精神のほうもそのままの状態ではいられなくなりました（註55）」

多面的な視点で見る

パラダイム・シフト、それは多面的な視点で世界を見ること。

アメリカ・インディアンが雨に濡れた時に私達と違った感覚を持ったとすれば、それは雨の恵みを感じているからだろう。雨を雨だけと考えれば、雨に濡れると気持ちが悪い。しかし雨が降ることで大地に収穫がある。それが、自分が濡れる以上に嬉しいことなら、雨に濡れても気持ち悪くはない。

「アメリカ・インディアンはすべてのものの中に神聖な力を感じ取る。雷も、嵐も、その中に神の声を聞く。川の急流の中にも神の姿を見る。終わることなき太平洋のうねりの中にも神の姿を見る。花が咲き、そして散って行くのも、花の中に潜んでいる神のなせる業であると感じる。自然は神の表われであると思っている」(註56)

神がさまざまに「姿かたち」を変えて表われてくるのが自然であると感じているならば、自然には逆らわないであろう。

人生が行き詰まった時には、頑張って視点を変える。

傷ついた小鳥に涙する優しさが出てくるかもしれない。

物事を違って見るようになったから。

同じことが、自分を傷つける言葉を吐いた人についても言える。その人は劣等感の強い人で、自分を守るために言った言葉である。

相手をどう見るかで、相手は自分にとって違った存在になってくる。すると、相手が違って見えてくる。

おそらく、同じ死への体験でも、それを新しい視点から見直すことができれば、死についての私達の恐怖を和らげるのに効果があるに違いない。

一見、人間の意志では動かしようがなく固定した死ですら、インディアンの視点で捉えれば、死を迎えることとは違って見えてくるのである。

自分では立派な人のつもりだけれども、単なるノイローゼということが多い。

自分が周囲に敵意があり、その敵意を相手に投影する。そして、相手が自分に敵意があると思う。

敵意を持っている人が、好意を持って世の中を見る。

焦りと敵意をなくすためには、視野を広げることである。

「現実の自分」と「理想の自分」の乖離をなくすためには、視野を広げることである。違った価値観の人と付き合う。

どちらが正しいか、という発想をやめる。置かれている状況が違う。

人は思い込みによる不幸というのがある。少し視野を広げれば、少し価値観を変えれば、幸せになれるのに、幸せになれない人は多い。視点を増やすこと、それが幸せへの道である。

よく子供がいないのが不幸だという人がいる。離婚したから不幸だという人もいる。

しかし、子供がいない人が不幸なのではない。離婚したから不幸なのではない。

離婚原因をすべて相手に押しつけるマインドレスネスな人の心のあり方が、不幸の原因である。結婚という価値を相対化できなくて、一つの価値を絶対化したから不幸なのである。

失敗した時に過剰な反応を示す人がいる。失敗をものすごいことに考えている。

そして、それを自分の弱点と結びつけて解釈する。Low self-evaluation（低い自己評価）で悲観主義の人である。

やってあげたのに……

「こうしてあげた」という思いが、自分を苦しめていることが多い。こうしてあげたのに、こうしてくれない。それが悔しい。

なにもしてあげなければ、なにもしてくれないことに腹を立てない。しかし、なにかをその人のためにした時には、その後で相手が期待に反した行動をとると、腹が立つ。

上司が部下をかばった。部下が上司に尽くした。その後なにかがあった時に、「あそこまでかばった部下だから」と思う。あるいは「あそこまで尽くした上司だから」と思う。

だから自分は、左遷されることはないと思った。しかしリストラされそうになっている。

考えてみれば「自分は見る目がなかった」ということである。相手が悪かった。

「人を見てやればよかったな」、そう思う。


親が子供を殺す。子供が親を殺す。そんな場合でもそういう時がある。

親は「ここまで子供のために頑張った」と思っている。それなのに子供は親のいうことを聞かない。家に引きこもって働かない。働かないばかりか親を批判する。

親はだんだんと子供を許せなくなる。もちろん逆も同じである。

親の老後が不幸なのも同じことである。「あんなに子供のために頑張って働いて育てたのに」と思う。それなのに子供は親の老後の世話をしない。

親のほうが自分勝手に生きたと思っていれば、子供に世話をされなくても、子供を恨まない。

外側が同じ状態でも人を恨んでいる人と、恨んでいない人ではまったく違う。人を恨んでいる人は不幸で、人を恨んでいない人は幸せである。

いろいろな人間関係の悲劇は、この行き違いによることが多い。

それが「見る目がなかった」ということが一つある。

もう一つは「してあげたつもり」のことが、本当に相手にとって「してもらって良かった」ことなのかということである。

してあげたほうは「してあげたつもり」だが、「してもらった」ほうは実は喜んでいないということがある。「してもらった」ほうは「してもらって良かった」とは思っていない。

この行き違いが悲劇を生む。

失敗は、単なる経験に過ぎない

もう一度いうが、「失敗は単なる経験」である。決して不幸の原因ではない。

みんな、子供の心に焼き付いている。

「起きてしまった」ということは受け入れる、つまり不幸を受け入れることである。不幸を受け入れれば過去から解放される。

「不幸を受け入れる」とはシーベリーの言葉である。この本ではこの言葉の素晴らしさを考えたかった。

不幸を受け入れるというと誇張された言葉のようであるが、人類の知恵が詰まったような言葉である。

病気で幸せな人もいるし、健康で不幸な人もいる。貧しくて幸せな人もいるし、お金持ちで不幸な人もいる。離婚して幸せな人もいるし、結婚していて不幸な人もいる。

離婚して不幸な人はつい「私は離婚したから不幸」と思いがちである。

しかし離婚して不幸な人は、結婚していても不幸な人である。ことは単純で、不幸な人が離婚をしただけである。

離婚して不幸な人は、視野が狭いから不幸なだけで、離婚と不幸は関係ない。

失恋して不幸な人も同じことである。失恋と不幸は関係ない。不幸な人が失恋しただけである。

嫌な仕事で不幸だという人は、不幸な人が嫌な仕事をしているだけである。不幸の原因は嫌な仕事ではなく、自分が自分を見つけられていないからである。不幸の原因は自己不在に過ぎない。

仕事が忙しいから幸せではないという人は、定年になっても不幸。不幸な人が忙しくしているだけである。

幸せでないのは、自分の意志で人生を選び取っていないからである。

忙しい人は暇になっても忙しい。適正な目的を見つけられていないからである。

自分の人生は失敗の連続であったと劣等感を持ち、不幸な人がいる。

しかし違う。不幸な人が失敗しただけである。

失敗の連続によって不幸なのではない。人からよく思われたい、人によい印象を与えたいという依存欲求で不幸なのである。さらにものを見る視点の数が少ないから不幸なだけである。

不幸な人が大学に落ちただけ

不幸な人はつい「現実が厳しい」から不幸だと思ってしまう。不幸の本当の原因である自分の心を見ない。そのほうが心理的に楽だからである。

いま「現実が厳しい」と「現実」に括弧をつけたのは、不幸を嘆いている人にとって現実は、本当は厳しくないからである。

大学に不合格になって不幸な人は、浪人したから不幸と思っている。しかし不幸な人が不合格になっただけである。

不合格の人の不幸の原因は孤独であり、家族への帰属意識がないことであり、人間関係が悪いことである。

帰属意識を持っていれば、劣等意識は重大なハンディキャップではない。(註57)

つまり、大学に落ちようが失恋しようが、○○家の人間だという帰属意識があれば、「あなたは、あなたなんだから」変わらず愛される。

しかし、帰属意識を持っていないということは、「あなたは、あなただから愛される」という体験がないということである。Because you are youとの対比を考える。

最大の事実は自分。それをどう認識するかである。

理想と比較して自分を解釈するから不幸になる。

自分は今までの人生でどういう人と付き合ってきたか?

悩んでいる人の反省の重大さである。

それは認識された感情と、実際の感情の違いに気がつくことである。

現実に正面から立ち向かう

人から自分の人間としての価値を否定されて落ち込んだといっても、必ずしも今、聞いた言葉で落ち込んでいるとは限らない。

過去に自分の価値を否定されてひどく傷ついた、絶望した。そして、その人との関係が自分の中で解決していない。

その未解決な課題が、もしかすると今、目の前にいる人にトランスフォームしているのかもしれない。だからこんなに落ち込んでいるのかもしれない。

今、目の前にいる人からひどいことを言われた。

そのひどい言葉で、立ち上がれないほど傷つき、怒っている。

しかしひどい言葉だと思っているが、もしかするとその言葉はそれほど怒り傷つくことではないかもしれない。自分の心の中の「記憶に凍結された不快感」とか、トランスフォームなどさまざまな心の働きで、そうなっているだけなのかもしれない。

とにかく幸せになるために大切なのは今、目の前の現実に正面から立ち向かうことである。

苦労がないことが、必ずしも幸せなことではない。現実の苦しみがないことが幸せではない。

冬の寒い朝、道路工事で、道路に座って食事をしている人達がいた。夏の真昼、トラックで縄を投げあって荷物を縛っていた。苦しいけれど、触れ合っている。

戦争と平和を考える。戦争が始まってうつ病が減る。

幸せと個人の資源とは弱い関係しかない。[註58]

アメリカの社会学者デイヴィッド・リースマンの『何のための豊かさ』[註59]は、現実の苦しみの問題を重要視しすぎた。

人間には心の苦しみがある。何のための豊かさか、豊かになっているのに人間はそんなに幸せになっていない。

いったい何のための豊かさかという本を書いたけれど、現実の豊かさは要するにお金があって、食べるものに困らないことをいう。人が心が満たされるか満たされないか、幸せかどうかは、現実の豊かさとは関係がない。それなのに、現実の苦しみの問題を重要視しすぎた。

ドイツの哲学者で経済学者カール・マルクスも、現実の苦しみを重要視しすぎた。

しかし、現実の苦しみがなくなっても、お母さんが子供の独占欲を満たさないまま成長した人は、60歳になっても70歳になっても不幸。吐き出せない憎しみで潰れた人はたくさんいる。

「死にたい」の真意

今の子供の無気力は、吐き出せない憎しみが原因ではないか。

あるお母さんは「なにもしたくない。死にたい」と口癖のようにいう。

心の底では夫を嫌いなのだが、本人は気がついていない。気づくのが怖い。だから意識の上では夫を憎めない。

それは結構よい生活をしているから。夫への憎しみに気がつけば今のよい生活は失われる。

そこで彼女は、ガス抜きができない。

そのお母さんが恩着せがましく子供に言う。

「あなたがいけないのよ、お母さん達はこれだけ、あなたのために努力しているのよ」

実は、こう恩に着せながら無意識の憎しみを子供に向かって吐き出している。

「あなたのため」と言われれば、子供は親を恨むこともできない。恨みを晴らすこともできない。

こうして自分に嘘をついていると、家族が全員悩みを解決できない。

「死にたい」と言う人と、「死にたい」とは言わない人の違い。

「死にたい」と言う人は、解決の能力がない。だから止まってしまう。

「死にたい」の真意は、「救ってくれ」ということである。

そこで「どうしたらいい？」と聞いている。

「死にたい」のは、目的を見失っているから。自分はどうしたらいいか分からない。

「これをしよう」という目的がないから、「死にたい」と言う。

「死にたい」とは言わないけれど、「せっかく命をもらったのだけど、疲れちゃった」と言う人がいる。その真意は「死にたい」である。

とにかくその相手と戦うこと

あなたに「私は生きるに値しない人間」という自己イメージを持たせたのは誰であろうか？　小さい頃のことをよく思いだしてみる。

その人のことを今よく考えてみることである。するとその人が「ろくでもない人間」ということに驚くのではないか。

自分は、なぜあのようなずるい人をあそこまで恐れたのか。なぜあんな卑怯な人間に、あそこまで苦しめられたのか？

あそこまで弱い人をあそこまで畏敬したことが恐ろしくならないだろうか。人間は、ここまで現実とは関係のない思考をするのかと驚かないだろうか。

とにかくずるくて、弱くて、卑怯な人によって、まさに「私は生きるに値しない人間」と思い込まされたのである。

とにかくその人と戦うことである。

戦う意欲はどこから出てくるか？

得体の知れない相手と戦うのではない。戦う相手を明確にすることである。

「自分を変える、自分と戦う」ということは、自分の心の中に恐怖のシステムを埋め込んだ人との戦いである。

そのように戦いを意義づけられれば、戦う気力が出てくる。

自分と戦うということは、過去に自分の心にいろいろとマイナスの感情を埋め込んだ人と戦うということである。

人は、お互いに蓄積されている感情的記憶が違う。

何度でも言い続ける

「私は幸せになる」と何度でも言い続ける。棺桶に入っても言い続ける。

自分は幸せになれる人間だと信じられるまで言い続ける。幸せになれる人間だとノートに書き続ける。そしてそれを読み続ける。

外側の環境を変えるよりも自己イメージを変えるほうが、幸福になるためには有効である。

そうして肯定的な自己イメージを作り上げれば、必ず幸せになれる。

今、不幸なあなたは幸せになる能力がないのではない。能力はある。

しかし、その能力を破壊し続けているのはあなたの否定的な自己イメージなのである。恨みがましいパーソナリティである。あなたの心の中にある、いろいろな種類のマイナスの感情である。

本来の自分の力に気がつけば、ビクビクする必要はどこにもない。自分には力があるのに力がないと思い込み、事態に対して恐怖心を持つ。

そうして恐怖心から行動するから、トラブルにうまく対処できない。うまく対処できない原因は心の底の恐怖心である。しかし、その心の底の恐怖心はなんの根拠もない。

なんの根拠もなく思い込んだ恐怖心に、あなたの人生は支配されている。

例えば今、あなたが対人恐怖症だったとする。そうしたら「今、私が怖がっている者の中で、実際には怖い者など一人もいない」とまず自分にいう。

「自己主張をしても、恐ろしいことなどなにも起きない」と自分に言う。

捨てられるのが怖いという人は、「捨てられることはない。もし捨てられたら捨てられたほうがよい。捨てられたことは一時的に苦しいが、必ずもっといい人に出会える」と自分に言い聞かせる。そして、それらのことを紙に大きく書いておく。毎朝、毎晩その紙を見る。

その人の恐怖心が「怖くないものを怖く」する。「迎合する」とその人を怖くする。自分がその人を怖い人にしている。

害のない人を恐れているのかもしれない

こんな話を読めば、あなたは馬鹿らしいと思うだろう。しかしあなたが今、恐れている人は本当に恐ろしい人だろうか？　あなたは、あることで明後日ある人に会うことになっている。

そして今あなたは気が重い。その人に会うことが嫌である。その人に会いたくない。その人を恐れている。なんとなく、心の中で会う前からその人に圧倒されている。

私達は毎日、不必要な苦しみを味わっている。不必要な感情の混乱をしている。

あなたは、自分に何の害も与えない人を恐れているかもしれない。

あなたにとって事実危険ではない人でも、あなたが危険な人だと感じれば、あなたの脳は危険な人と同じ反応をする。

今あなたが「したくない」と思っていることも、よく考えればしたくないわけではないかもしれない。すでに小さい頃からの体験の中から、あなたは「したくない」という情報を選んでいるのである。

あなたの無意識の領域にある、なんらかのマイナスの感情がベースになって「嫌だなー、したくないなー」と思っているのである。

もう一度、過去から自由になって人生を立て直すことである。毎日嫌なことばかりのあなたは、小さい頃からあまりにもつらいことが多すぎた。

アメリカのテレビ局ABCがプライムタイムという番組で子供の幼児期の重要性を取り上げたことがあった。番組の名前は「From the Beginning」（幼児期から）という名前であった。

その時にロックフェラー大学にある、音の聞こえない鳥かごが紹介された。音がシャットアウトされた鳥かごで育った鳥は、親鳥が鳴くのを聞いていない。すると、その鳥も成長しても鳴かないという。

おそらく人間も小さい頃からつらいことばかりで楽しいことを体験しないと、「楽しい」ということを感じる能力が身につかないのであろう。

これがうつ病者ではないだろうか。普通、考えれば楽しいことなのだけれども、彼らは「楽しい」と感じることができない。

生き方の基本が間違っている

不幸を受け入れられない人は生き方の基本が間違っている。それを直さないで、悩みを解決しようとする。

シーベリーの「不幸を受け入れる」とはフランクルのいう苦悩能力である。

不幸を受け入れると、することが見えてくるとシーベリーはいう。苦しむ中で生きる道が見えてくる。問題解決の能力が生まれたのである。

人生のスタートは運命である。

親鳥が泣かない鳥かごに生まれる鳥もいるし、親鳥の声を聞いて成長する鳥もいる。まったく違った環境に生まれるから、どこに生まれるかは運命だ。

自分の親が神経症者であるという時に、母なるものを持った母親のもとで育った人と同じことを自分に期待することはできない。

例えば母なるものを持った母親のもとで育った人と、同じような心理的安定を自分に求めても無理である。同じような楽しい日常生活を求めても無理である。人といて同じような居心地の良さを求めても無理である。

自分の親が神経症者である時に、自分に心理的健康な人であることを期待しても無理である。人は無意識に問題を抱えたままでどんなに努力しても幸せにはなれない。

自分の原点を見つめ、成長の過程を反芻《はんすう》し、そこで自分に期待できることを期待する。それが自分を受け入れる強い性格の人ということである。

不眠症になったら不眠を受け入れる。つらいけれども受け入れる。

眠れないことを、つらいことにしてしまうのは、自分である。

人によっては熟睡できる。抑制型の人と非抑制型の人といる。それは遺伝で仕方ない。

人と同じように熟睡しようとするというのは、あの人と同じ背になりたいというのと同じことである。

残念だけれども、自分はそちら側ではない。そのことをいつまで悔いていても、なにも始まらない。なにも解決しない。眠れるようにはならない。

「この運命を生きる」という目的を持って、気持ちを落ち着かせる。

自分は親から愛されなかったという不幸を受け入れた時に、自分の心の成長がスタートする。それを受け入れないで、恨みつらみになった時、心の成長は止まる。逆に心は退行をはじめる。

心が退行を始めるということは、事態がどんどん悪化するということである。社会的にどんどん成功して生きながらも、心理的にどんどん退化する、生きるのが苦しくなるということである。

心理的にどんどん退化するということは、どんどん人との関係が悪化するということである。どんどん孤独になるということである。医者に行っても治らない病気が、さらにひどくなるということである。


不幸を受け入れられない人は、現実から逃げている人である。不幸を受け入れられる人は現実と向き合っている人である。

「すべての悩みがなくなるような力を求めてはいけません」と、古代ギリシアの哲学者エピクロスは言っている。悩んでいる人は、その悩みを完全に、かつ直ちに、そしていとも簡単に解決できる方法を求めている。

そこで、現実にある解決方法を拒否してしまう。ないものばかりを求めていて、目の前にあるものを無視する。だから、いつまでたっても悩みは解決しないのである。悩んでいる人を見ていると、いつまでもできないことにかかずらっている。

生まれる環境は人によって違うが、生まれたその瞬間から運命がスタートしている。だから、うちの親はこんなだったといつまでもかかずらっていても仕方がない。

この運命を生きる

自分は親から愛されなかった、自分は神経症の親から嫌われた、自分は親から「死んでくれればいいのに」と願われた、そういう過酷な不幸を受け入れた時に、心の成長がスタートする。それは幸せへの鍵を手に入れた時である。

人間としてもっとも困難な矛盾を乗り越える、それ以外に神経症を治癒する方法はない。

この矛盾を抱えている限り、心の土台がない。社会的にどんなに頑張っても、いわゆる「弱い人」になってしまう。

どんなに社会的に成功しても、それだけでは「心の砦《とりで》」ができない。共同体感情を持っていないから、人生の諸問題を解決することはできない。

自分の母親は冷酷な女性だったという不幸を受け入れた時に、辛らつに血を流しながら、人を理解することができるようになる。そこで、共同体感情が芽生えてくる。

不幸を受け入れることと、共同体感情が芽生えてくることとは、不可分なことである。


世の中には、母なるものを持った母親に育てられた人がいる。残念だけれども、自分はそちら側ではない。そのことをいつまで悔いていてもなにも始まらない。なにも解決しない。眠れるようにはならない。心身のつらさは消えない。


「この運命を生きる」という目的を持って、気持ちを落ち着かせる。

性格の強い人は不幸を受け入れている。次に自分の弱点を受け入れている。

例えば「私は両親不和の家に生まれた」という自分の生い立ちを受け入れる。「私は生まれてからずっと「心の帰る家がなかった」という自分の生い立ちを受け入れる。


「不幸を受け入れる」ことができるということが、自分を受け入れるということでもある。

理想の人生を断念し、現実の自分を受け入れるということである。これが強い性格の人である。

自分の原点を見つめて、そこから出発する。その時に初めてありのままの自分を受け入れることができる。

不幸は、欲張りな人につきまとう

「不幸はしつこい」というが、不幸は誰にでもしつこくつきまとうのではない。欲張りな人に対してしつこいのである。

つまり、非現実的なほど高い期待を持っている人にしつこいのである。

要するに、「不幸を受け入れる」ことが楽観的ものの考え方の基本である。

勉強嫌いだから、スポーツしよう、商売しよう。

自分の弱点を受け入れるから自分の長所が分かる。

不幸を受け入れることで、することが見える。

それが不幸を受け入れるということである。不幸には負けない。

小さい頃から、自分には体が帰る家があった。しかし、心の帰る家はなかった。

そして、この不幸を受け入れることで、生きるエネルギーが生まれてくる。

とにかく自分は、両親不和の家に生まれたという運命を受け入れることである。

恵まれた環境に生まれる人もいる。あの人達には心の帰る家があった。自分には一日として心の帰る家はなかった。もともと違った人間なのである。

同じ人間と思えば、生涯不公平感に苦しみ、不幸から離れられない。

不運なのは自分一人ではない。他の人だってそれぞれ不運なのである。両親不和の家に生まれたのは自分一人ではない。

生きることはまず、「不幸を受け入れる」ことから始めなければならない。何をするにも必ず嫌なことはある。

その嫌なことに注意を取られていると、結局なにも生産的な行動をしないということになる。

不幸を受け入れられない人は、恵まれた人を見て「なぜ俺の人生だけが、こんなに苦しいのだ」という不公平感を持っている。生きるのが不満になる。

文句を言うことが主眼になる。不満を言うのは、問題の解決が目的ではない。「つらい、つらい！」と騒いでいても、心が触れ合う仲間はできない。生きるために必要な共同体感情は生まれてこない。周囲の世界は潜在的にどんどん敵意に満ちたものになる。

今、あなたが思っているよりも、もっとたくさん生きる道はある。「これしか生きる道はない」と思うから苦しいのである。「こちらの道もあった」と気がつけば幸せになる。

「つらい！　苦しい！」と言っている人は、生きる道は一つしかないと思っている。

工事中の道に出会うと向こうには行けないと思ってしまう。新しい道を探せば活力は生まれる。

「生きる道は一つしかない、と思ってしまう」のは今、生きている道を自分で選んでいないからである。だから苦しい。

足の引っぱり合いをしている人達がいる。

この人達も、この道しか生きる道はないと思っている人達である。

この本はそういう無駄な生き方ではない、生き方を考えた。

恨みを晴らせればいい、という人

不幸を受け入れられない人は、必要以上に苦しむ。

神経症的要求を持つ人は、自分の人生に建設的関心を失った人である。

例えば人を責めている。自分の不幸な過去にこだわる。無気力で前に進めない。解決を目指していない。

文句を言うことが人生の主眼である。まず恨みを晴らす。

もちろん不幸を受け入れられない人には、人に恨みを持つだけの無意識の必要性がある。隠された怒りがある。

自分の人生はどうなってもよい。恨みを晴らせればよい。そうなると、なによりも大切な共同体感情と無縁になる。

現実を受け入れれば、自分にふさわしい目的が自然と分ってくるのに、死ぬまで不幸な人は現実を受け入れていない。

不幸を受け入れて、自分を受け入れる

他人に優越する緊急の必要性がある限り、自分を受け入れることはできない。不幸を受け入れることはできない。

他人に優越する緊急の必要性がある限り、共同体感情は生まれてこない。

「不幸を受け入れる」ことができるということが、自分を受け入れるということでもある。

他人を理解することができるようになるということである。これが強い性格の人である。共同体感情を持った人である。たくましい人である。


ある大学生は、障害者支援室に行くことを心が拒否していた。

しかし、白杖を持って障害者支援室に行ったことで、世界が広がった、友達ができた。自分がどう生きるか、見えてきたと言った。

私は、なにが障害者支援室に行かせたのかと聞いてみた。

すると、「このままではだめだという、寸詰まり感というか、ここをなんとかしなければ、退学するしかないというような感じですかね」と教えてくれた。

「不幸を受け入れる」ということが、新しい視点ができるということである。

「自分がすることが見えてくる」ということが、新しい視点ができるということである。

自分の原点を見つめて、そこから出発する。その時に初めて、ありのままの自分を受け入れることができる。

「不幸を受け入れる」ことと、適切な目的を持つことは同じである。
どうしても適切な目的を持てない人は、自分の過去を反省することがなにより重要である。

弱さを認めることが強いということ

性格の弱い人である神経症者は「不幸を受け入れる」ことができないと同時に、自分の弱さも受け入れられない。(註60)

神経症者は弱さを嫌う。それは自分がいかに弱いかを心の底で知っているからである。そしてその弱い自分を自分が受け入れられないからである。

他人もまた弱い自分を受け入れてくれないと間違って思っている。実際はそんなことはないのだが、成長期の人間不信が心の底にしっかりと根を張っている。

従って、弱いことが恐怖感につながる。困った時に、誰も本当には自分を助けてくれないと感じているのである。だから弱さを嫌う。

成長期の困った時に、養育者から助けてもらって安心感を持って成長した人と、誰も助けてくれないで成長した人の違いは大きい。同じ人間ではない。

弱さと不幸を受け入れさえすれば、人は幸せになれる。だが、成長期に自分の弱さを保護してくれる人がいなかった人には、なかなかこれができない。

自分を保護するものは力しかない。そこで力を求めて奮闘努力する。

もし、その奮闘努力で社会的に成功しても、自我の弱さそのものには変わりはない。「内なる力」がいよいよ破壊されている。しかも社会的成功の中で実際にはその人の「内なる力」の芽が摘み取られていくことに気がつかない。

くり返しになるが、「すべての悩みがなくなるような力を求めてはいけません」とエピクロスは言っている。この言葉はシーベリーの「不幸を受け入れる」と言うことと同じ内容を別の言葉で表現している。

悩んでいる人は、その悩みを完全に、かつ直ちに、そしていとも簡単に解決できる方法を求める。

そこで現実にある解決方法を拒否してしまう。

ないものばかりを求めていて、目の前にある物を無視する。だからいつまでたっても悩みは解決しない。悩んでいる人を見ていると、いつまでもできないことにかかずらっている。

本当に強い人は、自分の弱さを受け入れている人である。

本当のスーパーマンとは、自分の弱さを受け入れている人である。そして自分の弱点が表われても落ち着いていられる人である。苦悩能力のある人である。また弱さを受け入れてくれる人を周囲に持っている人である。

不幸を受け入れる人が、レジリアンスのある人である。

逆境に強い人は、レジリアンスのある人である。


人間の場合、弱さを認めることが強いということである。弱いところのない人間など人間ではない。それはおばけである。

シーベリーは「自分の弱さを受け入れれば、失敗は少なくなるはずです。完全であろうとあがくとかえって失敗します」と述べている。「完全であるべきという基準は、ずっと災いのもとです」とも述べている。

完全であろうとすることによって人間の能力が破壊されるというのである。

自分の弱点を受け入れている人は、性格的には強い。

自分の弱点を受け入れていない人は、性格的には弱い。

性格が強いとは、意識と無意識の乖離がないことである。

成長と退行欲求の葛藤はあるが、成長欲求を選択できる人である。成長の症候群に従って生きる、ということである。

人とコミュニケーションできる。嫉妬、妬みがない。心が触れ合う親しい人がいる。つまり不幸を受け入れる人は、共同体感情がしっかりとしている。

長い人生には、幸運な時もあれば不運な時もある

くり返し言うが、不幸を受け入れると、するべきことが見えてくる。

しかし「私は悪くない」と言い張ってしまうと、するべきことが見えてこない。

長い人生には、幸運な時もあれば不運な時もある。

不運の時にジタバタしないで、「今は、そういう時」と覚悟を決めて、幸運の時を待つ。

それが不幸を受け入れるということである。

不運な時に幸運な人と自分を比べると、不幸は百倍になる。自分の運命を受け入れる人

は、地獄で成長したことで、それが試練となり、人よりも強くたくましい人間になった。

その不幸を受け入れる。

すると、「自分は今、生きていることだけで有り難い」と感じる。

そして、いつも良いことが起きる人になる。

不幸を受け入れることができれば、間違いなく人は幸せになれる。

物事が自分の望むように行かない時に不幸を受け入れている人は、「物事はそんなに上手くはいかない、相手がいるのだから」と思っている。


不幸を受け入れる人は、人生の意味を体験する。

それはフランクルの言葉を俟《ま》つまでもなく、人間のもっとも価値のある態度である。

ここが理解できない限り、不幸を乗り越えることはできない。

不幸を受け入れて、自分にふさわしい目的を持てる。幸せの鍵を手に入れることができる。

現実を受け入れれば、自然と目的が分ってくる。

あとがき

些細な病気で大騒ぎしている人は、「今の苦しみは、私の過去から私が自由になるために避けて通れない苦しみである」と認識する必要がある。

さらに「それぞれの人が背負った運命的課題を解決していくことが、その人の人生の最初の意味である」ということを理解することである。

苦しむことなしに人生の意味を感じることはあり得ない。

小さい頃の体験が、ものすごい影響を持ってしまう。

小さい頃からの体験は、その人の運命である。固有な自我の形成への経過であると位置づけることが極めて重要である。それが生きることである。

人は小さい頃からの運命に対して、どういう態度を取るかによって、固有の自我形成という次の時代へと準備する。

今日まで、悩むように生きてきた。

今日まで、いろいろな人に迷惑をかけて生きてきた。その時には気がつかなかったけれども、その時々で誰かを傷つけて生きてきた。

その時々で自分としては、一生懸命生きてきた。人を傷つける気持はなかった。でも、本人の意図とは違って、周囲の人を傷つけて生きてきたかもしれない。

「こんなに一生懸命真面目に生きてきたのに、俺がなんでこんな目に遭わなければならないのだ」と怒りに身を任せる気持ちは分かるが、そうすれば苦しみは倍増するだけである。

憂うつになった時、不愉快でどうしようもなくなった時、自分は今、心の中の借金を返しているのだと思えばよい。

憂うつになるのは自己実現して生きてこなかったツケである。ツケは払わなければならない。

憂うつな時に、無理にエネルギッシュになろうとしたり、エネルギッシュでない自分を責めたりしても、いよいよ落ち込むだけである。

憂うつから抜け出そうと頑張るとかえって辛くなるだけである。

いつか必ず回復する。

憂うつな時には、今は回復のための時と考えて、憂うつに身を任せる。今は休む時、エネルギーを貯める時である。

今の憂うつの原因は、過去の自分の生き方の結果である。

それは認めなければならない。反省もしなければならない。しかし自分を責めてはならない。

自己実現した生き方が出来なかったのには、ちゃんと理由がある。それは、すべてその人の責任というわけではない。

それはその人の運命である。そのような資質を持って、そのような環境に生まれ、そのような環境で育ったのである。だから自分を責めない。

なんで自分の人生だけが、こんなにつらいのだと思うことがある。

苦しい時、つらい時、「私は私の運命を生きている」と覚悟する。

私を強くするもの、それは私を幸せにするためのものである。それが今の苦しさである。

つらいことがあった時に、現実を受け入れる。そして自分を責めない。

自分を責めていると、前に進めない。

人を責めていると、幸せになれない。

弱く生まれて強くなることが、人間の「賢い生き方」である。

最後になったが、この本も今までの本と同じ様に名編集者の堀井紀公子様にお世話になった。

二〇二四年二月

加藤諦三

脚注一覧

註1　Frieda Fromm-Reichmann, The Principles of Intensive Psychotherapy, The University of Chicago Press, 1950, p.65

註2　Henry Dreher, The Immune Power Personality: 7Traits You Can Develop to Stay Healthy, Dutton, 1995, p.50

註3　ibid., p.50

註4　ibid., p.51

註5　Stress, Coping, and Health in Families. Editors, Hamilton I. McCubbin, Elizabeth A. Thompson, Anne I. Thompson, Julie E. Fromer, Sage Publishers, Inc. 1994

註6　Stress, Coping, and Health in Families. Editors, Hamilton I. McCubbin, Elizabeth A. Thompson, Anne I.Thompson, Julie E.Fromer, Sage Publishers,Inc.1994

註7　ibid., p.93

註8　Rollo May, The Meaning of Anxiety, W.W.Norton & Company Inc. 1977, ロロ・メイ著、小野泰博訳『不安の人間学』誠信書房、一九六三年、一一六頁

註9　David Seabury, How to Worry Successfully, Blue Ribbon Books: New York, 1936, デヴィッド・

シーベリー著、加藤諦三訳『心の悩みがとれる――もっともっと自信をもって生きられる』三笠書房、一九八三年、一五二頁

註10 Muriel James, Dorothy Jongeward, BORN TO WIN, ADDISON-WESELEY PUBLISHING COMPANY, 1985, p.7

註11 David Seabury, Stop Being Afraid, Science of Mind Publications, Los Angeles,1965, デヴィッド・シーベリー著、加藤諦三訳『問題は解決できる』三笠書房、一九八四年、三七―三八頁

註12 Aaron T. Beck, Depression, University of Pennsylvania Press, 1967, p.257

註13 Ursula Goldmann-Posch,Tagesbuch einer Depression, ウアズラ・ゴールトマン・ポッシュ著、鹿島晴雄／古田香織訳『うつ病女性の日記――こころの病からの脱出』同朋舎出版、一九八八年、二頁

註14 Albert Ellis, Ph.d., How to Stubbornly Refuse to Make yourself Miserable about Anything, アルバート・エリス著、国分康孝／国分久子／石隈利紀訳『どんなことがあっても自分をみじめにしないためには――論理療法のすすめ』川島書店、一九九六年、一九頁

註15 斎藤茂太著『躁と鬱――波動に生きる』中公新書（五八〇）、一九八〇年、七六頁

註16 EQ, Daniel Goleman, Emotional Intelligence, Bantam Books, 1995. p.202

註17 ibid., p.203

註18 Erich Fromm, Escape from Freedom, Avon,1965,p.166-167

註19 Dan Kiley, The Peter Pan Syndrome, A Corgie Books, 1984, p.16 ダン・カイリー著、小此木啓吾訳、『ピーター・パン・シンドローム――なぜ、彼らは大人になれないのか』祥伝社、一九八四年、四五頁

註20 Erich Fromm, Escape from Freedom, Avon,1965, p.183

註21 Rollo May, Man's Search For Himself, ロロ・メイ著、小野泰博訳『失われし自我をもとめて』（ロロ・メイ著作集1）誠信書房、一九七〇年、一三八頁

註22 Erich Fromm, The Art of Loving, Harper & Publishers, Inc.1956, エーリッヒ・フロム著、懸田克躬訳『愛するということ』紀伊國屋書店、一九五九年、一三〇頁

註23 John Bowlby, Separation, Volume2, Basicbooks, A Subsidiary of Perseus Books, L.L.C.,1973, J・ボウルビィ著、黒田実郎／岡田洋子／吉田恒子訳『母子関係の理論2』岩崎学術出版社、一九七七年、二三〇頁

註24 Norman E. Rosenthal, M.D., The Emotional Revolution, CITADEL PRESS, Kensington Publishing Corp. 2002, March. p.100

註25 笠原嘉編『躁うつ病の精神病理1』、木村敏著「いわゆる『鬱病性自閉』をめぐって」弘文堂、一九七六年

註26 Martin Seligman, Helplessness, W.H. Freeman and Company, 1975, M・E・P・セリグマン著、平井久／木村駿訳『うつ病の行動学 学習性絶望感とは何か』誠信書房、一九八五年、一四二

頁

註27　前掲書、一四二頁

註28　EQ, Daniel Goleman, Emotional Intelligence, Bantam Books, 1995. p.204

註29　Wolfgang Blankenburg, Der Verlust Der Natürlichen Selbstverstandlichkeit, 1971, W・ブランケンブルク著、木村敏／岡本進／島弘嗣訳『自明性の喪失　分裂病の現象学』みすず書房、一九七八年、七七頁

註30　Martin Seligman, Helplessness, W.H.Freeman and Company, 1975, M・E・P・セリグマン著、平井久／木村駿訳『うつ病の行動学　学習性絶望感とは何か』誠信書房、一九八五年、一四二頁

註31　前掲書、一三六頁

註32　前掲書、一四〇頁

註33　ヴィクトール・エミール・フランクル著、宮本忠雄訳『フランクル著作集3　時代精神の病理学』みすず書房、一九六一年、一四-一五頁

註34　前掲書、五五頁

註35　前掲書、七二頁

註36　John Bowlby, Separation, Volume2, Basicbooks, A Subsidiary of Perseus Books, L.L.C.,1973, J・ボウルビィ著、黒田実郎／岡田洋子／吉田恒子訳『母子関係の理論2』岩崎学術出版社、一九

七七年、六頁

註37 前掲書、五頁

註38 前掲書、九頁

註39 前掲書、九頁

註40 前掲書、一〇頁

註41 前掲書、八頁

註42 前掲書、一四頁

註43 前掲書、一四頁

註44 前掲書、一六－一七頁

註45 前掲書、二八－二九頁

註46 前掲書、二九頁

註47 前掲書、二九頁

註48 前掲書、一二二頁

註49 前掲書、一二二頁

註50 前掲書、一二三頁

註51 Muriel James, Dorothy Jongeward, BORN TO WIN, ADDISON-WESELEY PUBLISHING COMPANY, 1978, p.39

註52 David Seabury, Stop Being Afraid, Science of Mind Publications, Los Angeles,1965, デヴィッド・シーベリー著、加藤諦三訳『問題は解決できる』三笠書房、一九八四年、一二九–一三〇頁
註53 前掲書、一五〇頁
註54 Stephen R Covey, The 7 Habits of Highly effective People, A Fireside Book,1989, 1990
註55 David Seabury, How to Worry Successfully, Blue Ribbon Books: New York, 1936, デヴィッド・シーベリー著、加藤諦三訳『問題は解決できる』三笠書房、一九八四年、九〇–九一頁
註56 George Wharton James, The Indian's Secrets of Health or What the White Race May Learn From The Indian, J.F. Tapley Co. New York, 1908, p.68
註57 Karen Horney, Neurosis and Human Growth, W.W.NORTON & COMPANY, 1950, p.21
註58 Michel Argyle, The Psychology of Happiness, Methuen & Co.LTD London & New York, 1987. p.124
註59 David Riesman, Abundance for what?, Doubleday Book Club, 1964
註60 The Neurotic Personality of Our Time, W.W.NORTON & COMPANY, 1964, p.166

PHP新書

PHP INTERFACE
https://www.php.co.jp/

加藤諦三［かとう・たいぞう］

1938年、東京生まれ。東京大学教養学部教養学科を経て、同大学院社会学研究科修士課程を修了。1973年以来、度々、ハーヴァード大学研究員を務める。現在、早稲田大学名誉教授、ハーヴァード大学ライシャワー研究所客員研究員、日本精神衛生学会顧問、ニッポン放送系列ラジオ番組「テレフォン人生相談」は半世紀ものあいだレギュラーパーソナリティを務める。
著書は、『悩まずにはいられない人』『メンヘラの精神構造』『パワハラ依存症』（以上、PHP新書）など多数ある。

無理をして生きてきた人

（PHP新書 1389）

二〇二四年三月二十八日 第一版第一刷

著者——加藤諦三
発行者——永田貴之
発行所——株式会社PHP研究所
東京本部——〒135-8137 江東区豊洲5-6-52
ビジネス・教養出版部 ☎03-3520-9615（編集）
普及部 ☎03-3520-9630（販売）
京都本部——〒601-8411 京都市南区西九条北ノ内町11
組版——有限会社メディアネット
装幀者——芦澤泰偉＋明石すみれ
印刷所
製本所——図書印刷株式会社

ISBN978-4-569-85673-5

ＰＨＰ新書刊行にあたって

「繁栄を通じて平和と幸福を」(PEACE and HAPPINESS through PROSPERITY)の願いのもと、ＰＨＰ研究所が創設されて今年で五十周年を迎えます。その歩みは、日本人が先の戦争を乗り越え、並々ならぬ努力を続けて、今日の繁栄を築き上げてきた軌跡に重なります。

しかし、平和で豊かな生活を手にした現在、多くの日本人は、自分が何のために生きているのか、どのように生きていきたいのかを、見失いつつあるように思われます。そして、その間にも、日本国内や世界のみならず地球規模での大きな変化が日々生起し、解決すべき問題となって私たちのもとに押し寄せてきます。

このような時代に人生の確かな価値を見出し、生きる喜びに満ちあふれた社会を実現するために、いま何が求められているのでしょうか。それは、先達が培ってきた知恵を紡ぎ直すこと、その上で自分たち一人一人がおかれた現実と進むべき未来について丹念に考えていくこと以外にはありません。

その営みは、単なる知識に終わらない深い思索へ、そしてよく生きるための哲学への旅でもあります。弊所が創設五十周年を迎えましたのを機に、ＰＨＰ新書を創刊し、この新たな旅を読者と共に歩んでいきたいと思っています。多くの読者の共感と支援を心よりお願いいたします。

一九九六年十月

ＰＨＰ研究所